박문각 임용 동영상강의 www.pmg.co.kr

제1판 특수교사 임용시험 대비

임지원

특수교육 기출맥서

임지원 편저

1

脈

2009~2024 기출문제
영역별 수록

박문각

기출맥서 **소개**

기출맥서 포커스

•• 정확하고 깊은 분석

1차 고득점을 위한 핵심 자료인 기출문제를 학습하는 데 가장 중요한 것은 정확한 분석이다. 문제의 상황과 의도를 파악하지 않고, 단순히 문제마다 적용된 이론을 알아보기만 하는 것은 단편적이고 얕은 학습에 불과하다. 문제마다 제시된 상황과 요구하는 것, 답안작성의 조건 등을 정확하게 분석하고, 이에 따라 답안의 키워드를 파악할 수 있어야 한다. 이것이 기출분석 및 학습의 핵심이다. 이에 따라 기출맥서는 기출문제를 정확하고 깊게 분석하는 데 초점을 두고 정리하였다.

•• 정확, 명료, 간결한 예시답안

– 정확한 답안

답안작성의 가장 중요한 첫걸음은 문제 상황 및 의도를 정확하게 파악하는 것이다. 그렇지 않으면 말이 되지 않는 오류를 범할 수 있다. 이러한 오류는 다음 학습에도 연쇄적으로 영향을 줄 수 있으며, 이미 형성된 오류와 오개념을 뒤늦게 고쳐나가느라 시간을 허비하는 경우를 종종 본다. 이는 임용시험을 위한 특수교육학 공부에 매우 불필요한 과정이다. 기출문제를 처음 볼 때부터 정확한 예시답안을 기준으로 학습하는 것이 중요하다.

– 명료하고 간결한 답안

가장 좋은 답안은 구체적이고, 명료하며, 간결한 답안이다. 의미가 모호하거나, 추상적이거나, 장황하게 늘여 놓은 답안은 감점의 대상이 되기 쉽다. 서술형 문항의 답안을 작성할 때에는 항상 구체적으로, 명료하게, 간결하게 작성해야 한다. 다만, 기출맥서에서 다루는 수백 문항 중 극소수의 몇 문항은 해석의 여지가 있다고 본다. 이 극소수의 문항을 제외한 모든 서술형 문항의 예시답안은 명료하고 간결한 예시답안이 되도록 정리하였다.

•• 기출 학습의 편의성

기존의 "특수교육의 맥을 잡는 기출 BOOK"을 개정하며, 교재 활용의 편의성을 좀 더 향상시키고자 교재 구성을 전면 개정하였다. 문제와 해설을 한 번에 볼 수 있도록 하되, 왼편에 해설을 싣고, 오른편에 문제를 실어 문제를 풀거나 필기를 할 때 불편함이 없도록 하였다.

기출맥서의 구성

•• 각 파트별로 문제와 해설을 동시에 볼 수 있도록 구성하였다. 왼쪽 페이지에는 해설 자료를, 오른쪽 페이지에는 문제를 배치하여, 문제를 풀고 필기를 하는 데 불편함이 없도록 하였다.

•• 문제: 2009~2024학년도의 유아, 초등, 중등 기출문제 중 특수교육학에 해당하는 문제를 빠짐없이 정리하였다. (교육과정, 법, 2차 전공논술문항 제외)

•• 해설: 정답 및 예시답안, 알찬 지문풀이, 문제 속 자료분석, 관련이론, 고득점 답안 비법, 핵심테마 체크 등으로 구성되어 있으며, 문항에 따라 해설의 구성은 상이하다.

•• 기출맥서는 총 3권으로 구성되어 있다.
- 1권: Part 01 ~ 05 (개별화교육 및 통합교육, 특수교육평가, 행동지원, 특수교육공학, 전환교육)
- 2권: Part 06 ~ 09 (지적장애, 정서 및 행동장애, 자폐범주성장애, 학습장애)
- 3권: Part 10 ~ 14 (시각장애, 청각장애, 의사소통장애, 지체 및 중복장애, 건강장애)

여러분이 똑똑하고 알차게 준비하여 1차 시험에 고득점하기를 바라는 마음을 작업하는 내내 잊지 않으려 했습니다. 명료하고 효과적인 기출분석의 과정에 기출맥서가 양질의 길잡이가 되길 바랍니다.

2024년 임지원

기출맥서 **활용법**

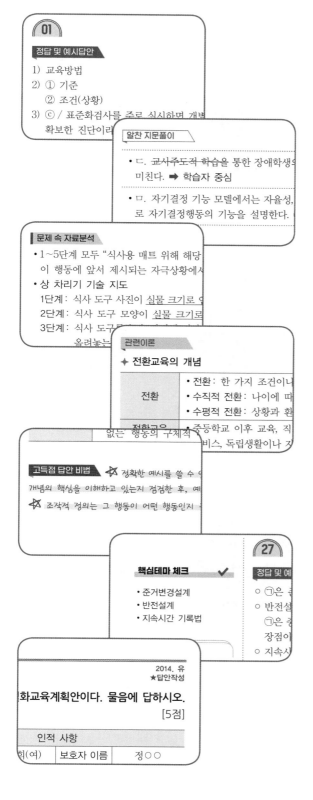

정답 및 예시답안

객관식 문항은 정답을, 기입형 문항은 정답인 용어를 표기하였다. 서술형 문항에 대한 답안은 예시답안으로서 문장의 핵심 의미와 키워드를 중심으로 확인하길 권장한다. 문장의 서술은 의미가 달라지지 않는 선에서 다양하게 서술될 수 있다는 점을 유념해야 한다.

알찬 지문풀이

문제에 제시된 지문의 의미를 분석하거나, 오답으로 제시된 부분은 맞는 내용으로 풀이한 것이다. 주로 객관식 문항의 지문이나 보기를 분석한 내용이다. 지문풀이를 보기 전 스스로 분석을 한 후, 확인하는 용도로 사용하기에 효과적인 메뉴이다.

문제 속 자료분석

문제 상황으로 제시된 자료나 내용을 분석하고 정리한 것이다. 쉽게 알아볼 수 있는 문제 상황은 제외하고, 분석이나 정리가 필요한 일부 문항에 대하여 분석한 것이다. 문항에 따라 제시된 상황 자체가 좋은 학습 자료일 때가 있다. 그러한 문항을 학습할 때 활용할 수 있는 내용이다.

관련이론

문제를 정확하게 파악하기 위해 관련짓고 적용해야 할 이론을 바로 확인할 수 있도록 정리하였다. 기출분석과 동시에 해당 이론에 대해 이해 여부를 점검하고, 암기를 위해 반복적으로 확인하는 것은 중요한 학습과정이다.

고득점 답안 비법

서술형 문항의 경우, 적용력을 요구하고, 요구하는 조건에 맞게 답안을 작성하는 것이 중요하다. 이와 관련하여 유의할 사항이 있는 문항의 경우, 그 유의점을 고득점 답안 비법에 짚어 두었다.

핵심테마 체크

문항마다 꼭 알아야 할 핵심테마를 정리해 둔 것이다. 제시된 핵심테마를 보면서 관련이론을 인출하는 용도로 사용할 수도 있고, 전체적으로 핵심테마를 훑어보면 출제 빈도도 자연스럽게 파악할 수 있다.

답안작성 연습용 문항 표시

일부 문항은 출제연도 아래에 '★답안작성'이라고 표기되어 있다. 해당 문항은 답안작성 훈련이 필요하거나, 연습해 보면 도움이 될 문항이다. 모든 서술형 문항에 대해 답안작성 연습을 하기에는 시간이 부족하다. 답안작성 훈련에 도움이 될 문항을 선정해야 할 때 '★답안작성'표기를 우선 고려하면 도움이 될 것이다.

최근 3개년 기출 **출제경향 분석**

01 전공별 기출 배점분석에 기반한 출제경향

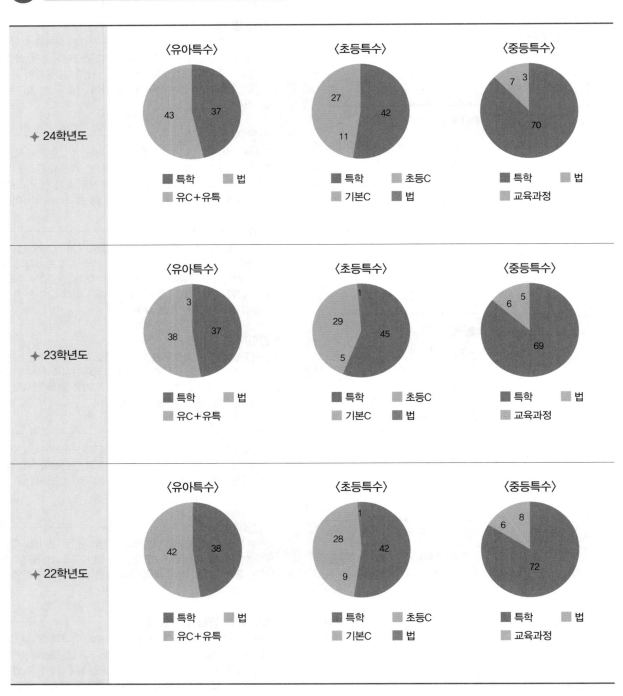

02 적용력 및 답안작성 능력이 중요한 문항 비율에 기반한 출제경향

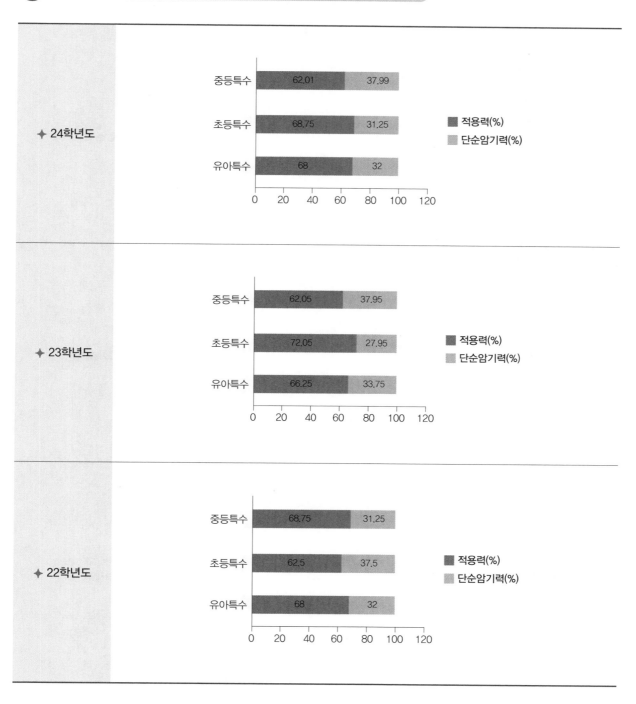

최근 3개년 기출 **출제경향 분석**

03 출제된 적이 없는 새로운 내용의 배점 비율 분석

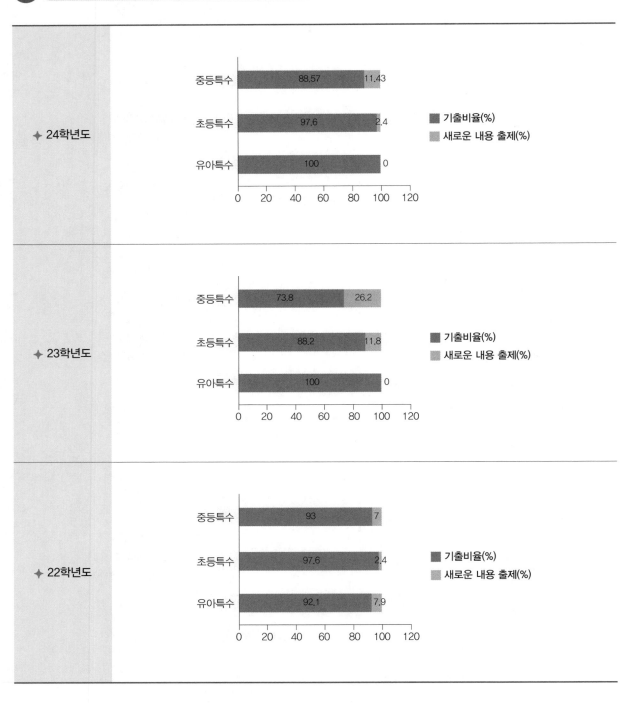

고득점을 위한 **똑똑한 기출분석 가이드**

01 기출분석의 기본 시퀀스

•• 기출분석은 특수교육학 기본이론의 이해를 바탕으로 시작해야 한다.
기본이론의 베이스 없이 기출문제를 먼저 보게 되면, 기출문제를 제대로 이해하고 파악하기 어렵고, 추후 기본이론을 체계적으로 반복학습하기 어려울 수 있다.

STEP 01 문제 파악하기

▶ 문제에 제시된 상황, 질문, 조건 등을 빠짐없이 꼼꼼하게 읽기
▶ 제시된 자료 중 더 분석할 사항은 반복적으로 의미를 찾아보고 내용 정리하기
▶ 해석하기 어려운 부분은 별도로 표기하여, 추가학습을 하거나 다음 반복학습 때 해결하기

STEP 02 질문 및 답안작성 조건 확인하기

▶ 질문을 읽고 질문의 의미와 의도 등 핵심을 파악할 것
▶ 서술형의 경우, 답안작성의 조건 정확히 짚어두기

STEP 03 답안작성하기

▶ 객관식: 정답인 논리적인 이유 확인하기. 오답의 경우 오답인 이유, 고쳐야 할 부분 등을 구체적으로 확인하기
▶ 기입형: 정답에 해당하는 정확한 용어 작성하기
▶ 서술형: 문제 상황, 답안작성 조건 등을 정확하게 이해하고, 구체적이고 간결한 답안작성하기

STEP 04 나의 학습 상태 점검 및 정리하기

▶ 기출문제를 학습하는 과정에서 나의 현재 상태를 파악하고, 보완 및 개선할 점을 정리하기
  : 관련이론의 이해 여부 확인, 서브노트나 단권화 등 나의 자료에서 보완할 부분, 문제를 파악하는 능력, 반복적인 실수, 답안작성 시 부족한 점, 문제를 해결하는 데 걸리는 시간 등

02 다양한 초점, 다양한 방식의 기출 반복학습

•• 기출문제는 1차 시험 직전까지 반복해야 할 가장 중요한 자료이다. 다만, 단편적이고 얕은 방식으로 동일하게 반복만 하는 것은 효과적이지 않다. 특히 답만 기억하는 방식의 반복학습은 의미가 없다.

•• 기출문제를 반복할 때에는 반복 싸이클마다 기출학습의 초점 및 목표를 다양하게 두고, **다양한 반복학습**을 하는 것이 중요하다. (＊다음 각 싸이클의 목표는 순서로 보지 말고, 다양한 초점으로 볼 것)

Cycle 1	▶**문제 풀기**: 기출학습의 기본 시퀀스에 따라 문제를 읽고, 풀고, 답안작성하기 ＊다시 풀어볼 문제 별도로 표기해두기
Cycle 2	▶**출제이론 정리하기**: 각 문항의 영역별, 테마별 출제이론 및 키워드를 확인하고, 자료로 정리하기
Cycle 3	▶**기출문구 학습하기**: 기출문제에 자료나 지문으로 제시된 주요 문구(답안 내용✗)로 출제된 이론의 키워드 및 핵심 학습하기
Cycle 4	▶**답안작성 연습하기**: 이해력 및 적용력을 요구하는 서술형 문항을 선별하여 구체적이고, 간결하게 답안을 작성하는 연습하기
Cycle 5	▶**어려운 문제 다시 풀기**: 한 번에 해결하기 어려웠던 문제 다시 풀어보기
Cycle 6	▶**기출변형 활용하기**: 기출문제마다 추가적으로 다뤄질 수 있는 부분, 바꿔서 물어볼 수 있을 부분 등을 짚어보기. 또는 기출변형 문제 풀어보기
Cycle 7	▶**연도별 기출 풀기**: 특수교육학 영역별로 우선 학습을 한 후, 다양한 반복의 한 방법으로 연도별로 기출을 풀어보는 것이 효과적임. 연도별로 기출문제를 풀어보면, 약간의 출제경향을 파악할 수 있음. 시간을 정해두고, 답안작성까지 하며 풀어보면 실전 연습도 함께 할 수 있음

고득점을 위한 **똑똑한 기출분석 가이드**

03 기출문제 유형별 고득점 학습전략

•• 객관식

예시문항
다음은 특수교사가 학습장애학생 A의 쓰기 능력을 평가하기 위해 수집한 자료이다. 〈자료 1〉은 주어진 문장을 3분 내에 가능한 빠르고 반듯하게 여러 번 써보도록 하여 얻은 것이다. 〈자료 2〉는 '가을'이라는 주제에 대해 15분 동안 글을 쓰도록 하여 얻은 것이다. 학생 A의 쓰기 능력을 향상시키기 위해 고려해야 하는 것만을 〈보기〉에서 있는 대로 고른 것은? 〈2012. 중〉

〈자료 1〉

친구야정말미안하다

〈자료 2〉

찬바람이분다날씨가좋다

〈보기〉

ㄱ. 학생의 쓰기 유창성을 향상시키기 위해 문장을 천천히 정확하게 베껴 쓰도록 지도한다.

ㄴ. 학생이 글씨를 쓸 때, 글씨 쓰는 자세, 연필 잡는 법, 책상 위의 종이 위치를 점검한다.

ㄷ. 학생이 스스로 혹은 또래와 함께 체크리스트를 활용하여 문법적 오류를 점검하도록 한다.

ㄹ. 문장 지도를 할 때, 두 문장을 연결 어미로 결합하여 하나의 문장으로 만들 수 있도록 지도한다.

ㅁ. 작문 지도를 할 때, 도식조직자를 활용하여 주제에 대해 아이디어를 생성하고 조직하도록 지도한다.

맞춤형 학습전략
✦ 객관식은 2009~2013학년도의 출제유형으로서, 현 시험제도에서는 출제되지 않는 유형임. 그러나 문제 상황, 출제영역, 내용의 깊이, 관련이론, 난이도 등을 파악하며 반드시 심층적으로 분석해야 함

✦ **객관식 기출문제를 활용하여 공부하는 방법!**

• 문제 상황과 적용할 이론 파악하기

• 〈보기〉 중 적절한 항목을 찾고, 적절한 이유 정리하기

• 〈보기〉 중 적절하지 않은 항목을 찾고, 고치거나 이유 서술해 보기

• 문제 상황이나 〈보기〉를 통해 주어진 주요 문구와 키워드를 체크하고 나의 자료에 추가 · 정리하기

• 문제 상황을 활용하여, 서답형에 맞게 기출변형 문제 만들어 보기

•• 기입형

예시문항
다음은 기도순음청력검사를 통해 산출된 청각장애학생 A의 오른쪽 귀 평균청력손실치에 대한 설명이다. 괄호 안의 ⊙과 ⓒ에 해당하는 말을 각각 쓰시오. [2점] 〈2014. 중〉

학생 A의 오른쪽 귀 평균청력손실치 75dB은 대부분의 (⊙)이/가 분포되어 있는 주파수인 1,000Hz, 500Hz, (ⓒ)Hz의 각각의 청력손실치로 계산하여 구한 값이다. 즉, 1,000Hz의 청력손실치 75dB의 2배 값에 500Hz의 청력손실치 70dB과 (ⓒ)Hz의 청력손실치 80dB을 더한 값을 4로 나눈 값이다.

맞춤형 학습전략
✦ 기입형은 예시와 같이 빈칸을 두거나, 또는 밑줄 친 부분에 해당하는 용어를 요구하는 등 간단한 용어나 표현을 정확하게 표기해야 하는 유형

✦ **기입형 문항을 공부하는 방법!**

• 기입형 학습의 핵심은 기본개념과 용어에 대한 정확한 이해와 암기

• 빈칸이 없는 부분, 밑줄이 없는 부분을 체크하여 문제를 변형해 보고, 예상문제 만들어 보기

• 용어나 해당 내용을 정확하게 기입하는 것이 중요하여, 실수를 많이 범하는 유형이기도 함

•• 서술형

예시문항	맞춤형 학습전략

예시문항

✦ 예시 (1)

(가)는 지체장애 특수학교 2학년 학생들의 특성이고, (나)는 2009 개정 슬기로운 생활과 교육과정에 따른 '마을과 사람들' 단원 지도 계획과 학생 지원 계획의 일부이다. 물음에 답하시오. [5점] 〈2015. 초〉

> (가) 학생 특성
> …(생략)…
> (나) 단원 지도 계획과 학생 지원 계획
> …(생략)…

1) (가)에 제시된 미나의 특성을 고려할 때, (나)의 ㉠에 문제가 발생하지 않도록 하기 위해 교사가 유의해야 할 사항을 1가지 쓰시오. [1점]

   • _____

2) (가)에 제시된 현우의 특성을 고려할 때, (나)의 마을 조사 활동 시 ㉡의 장점을 1가지 쓰시오. [1점]

   • _____

3) 교사가 은지에게 (나)의 ㉢을 착용시킨 이유를 은지의 특성에 비추어 1가지 쓰시오. [1점]

   • _____

✦ 예시 (2)

(가)는 자폐성장애 학생 J를 위한 기본 교육과정 고등학교 과학과 '주방의 전기 기구' 수업 지도 계획의 일부이고, (나)는 '주방의 조리 도구' 수업 지도 계획의 일부이다. 〈작성 방법〉에 따라 서술하시오. [5점] 〈2019. 중〉

> (가) '주방의 전기 기구' 수업 지도 계획
> …(생략)…
> (나) '주방의 조리 도구' 수업 지도 계획
> …(생략)…

──── 〈작성 방법〉 ────

○ 밑줄 친 ㉠에서 사용한 사건(빈도)기록법의 유형을 쓰고, '촉진의 형태가 바뀌는 용암 체계'에 비해 밑줄 친 ㉡이 갖는 특성 1가지를 서술할 것

○ 밑줄 친 ㉢과 ㉣을 할 때 '동기' 반응을 향상시키기 위한 방법을 순서대로 서술할 것(단, 〈유의 사항〉에서 제시된 방법을 제외할 것)

○ 밑줄 친 ㉤을 할 때 교사가 가르칠 내용을 '자기주도(self-initiation)' 반응 측면에서 서술할 것

맞춤형 학습전략

✦ 중등의 경우, 〈작성 방법〉을 제시하여, 문제가 요구하는 조건을 구체적으로 요구하는 경우가 많음. 이 경우 반드시 〈작성 방법〉에서 요구하는 사항이 반영된 답안을 작성해야 함.

✦ 유·초등의 경우, 소문항 중 일부가 서술형으로 출제되며, "~에 근거하여", "~를 고려하여" 또는 "~와/과 관련지어" 등과 같은 조건을 포함하여 문제를 제시하는 경우가 많음. 이 경우 반드시 해당 조건을 답안에 반영하여 서술해야 함.

✦ 서술형은 특히 이해 기반의 학습과 암기가 중요한 유형. 답안을 서술할 때에는 암기한 내용을 그대로 옮겨 적는 것이 아니라, 문제 상황을 이해하고, 이론을 적용하고, 제시된 조건을 반영하여 적절한 문장으로 표현해야 함

✦ 서술형 문항을 활용하여 공부하는 방법!

• 문제 상황과 적용할 이론, 답안작성의 조건 등을 꼼꼼하게 파악하기

• 적용된 이론의 기본 개념과 관련 용어 정리하기

• 문제 상황과 조건에 맞는 답안작성하기. 이때, 반드시 완성된 문장으로 작성하는 연습을 꾸준히 할 것

• 문제에 제시된 주요 문구나 키워드를 나만의 자료로 정리하기

• 서술형이 어렵게 느껴질 경우, 관련이론의 이해, 이론의 암기, 문제에 대한 적용력, 문제 파악 능력 등 여러 가지 가능한 문제점을 구체적으로 정리하고, 자신에게 해당하는 문제점을 명확하게 파악하여 이를 보완하는 방향으로 학습전략을 세울 것

• 맞는 항목과 틀린 항목 등이 제시되는 경우, 맞으면 맞는 이유, 틀리면 틀린 이유를 짚어보고 직접 서술해 볼 것

고득점을 위한 **똑똑한 기출분석 가이드**

•• 논술형

예시문항

(가)는 ○○중학교에 재학 중인 장애학생에 관한 특성과 배치형태이고, (나)는 교수적 수정을 적용하고자 하는 국어과 교수·학습 지도안의 일부이다. (다)는 이에 대한 국어교사와 특수교사의 대화 내용이다. 통합교육 상황에서 '교수적 수정'의 필요성, 적용 사례 및 시사점을 〈작성 방법〉에 따라 논술하시오. [10점] 〈2019. 중〉

> (가) 학생의 특성 및 배치형태
> …(생략)…
> (나) 국어과 교수·학습 지도안
> …(생략)…
> (다) 대화 내용
> …(생략)…

─── 〈작성 방법〉 ───

◦ 서론, 본론, 결론의 형식으로 작성할 것

◦ 서론에는 통합교육 장면에서 '교수적 수정'의 필요성을 서술할 것

◦ 본론에서 아래 내용을 포함하여 작성할 것
 – 밑줄 친 ㉠의 적용 사례를 (나)의 수업 상황과 연관지어 각 1가지씩 작성할 것(단, 학생 A, B, C의 특성을 고려하여 작성하되 한 사례에 1명의 학생을 반영하여 제시할 것)
 – 밑줄 친 ㉡의 예를 3가지 제시하되, 학생 A에게는 '반응 형태의 수정', 학생 B에게는 '제시 형태의 수정' 그리고 학생 C에게는 '시간 조정(단, 시간 연장 방법은 제외)'에 대해 제시할 것

◦ 결론에는 통합교육에서 '교수적 수정'이 지닌 한계를 쓰고 '보편적 학습설계'가 주는 시사점을 서술할 것

맞춤형 학습전략

✦ 2020학년도부터 시험전형이 부분적으로 수정되어, 현 시험제도에는 전공논술문항이 출제되지 않고, 서술형 문항의 비중이 더 커졌음. 따라서 논술형 문항을 학습할 때에는 긴 글로 논술하지 말고, 하위의 내용요소들을 하나하나의 서술형 문항이라 생각하고 서술형에 대비하여 활용하는 것이 효과적임

✦ 기출문항 중 전공논술에 해당하는 문항들, 그리고 2009 ~2013학년도 사이의 논술문항 등은 문제 상황을 파악하고 조건에 맞게 답안을 구상하는 연습을 하는 데 도움이 됨

✦ **논술형 문항을 활용하여 공부하는 방법!**

• 문제 상황, 주어진 학생 특성 및 활동, 작성 조건 등을 빠짐없이 파악하고 정리해 보기

• 구체적이고 체계적인 답안의 개요 세워 보기

• 문제에 맞는 답안에 꼭 필요한 키워드 나열해 보기(*이론서의 문장을 옮겨 적는 것이 아님)

• 논술형 문항의 하위 요소들을 서술형 문항들이라 생각하고, 간단한 문장으로 답안작성해 보기

차례

脈 테마별 기출분포도

테마		연도별 기출분포	셀프체크
개별화교육	개별화교육의 법적 근거	⑨중 ⑭유 ⑱유	☐☐☐☐☐
	개별화교육계획의 교육목표	⑭유 ⑱유	☐☐☐☐☐
	개별화교육계획을 위한 정보 수집	⑭유 ⑮유 ⑰유	☐☐☐☐☐
통합교육의 개념	통합교육의 법적 근거	⑨초	☐☐☐☐☐
	통합교육의 개념	⑲중	☐☐☐☐☐
교수적 수정	개념 및 유형, 유형별 방안	⑨유 ⑩초 ⑪유 ⑪초 ⑪중 ⑫초 ⑫중 ⑬유 ⑬중 ❸중 ⑭유 ⑭중 ⑯중 ⑰초 ⑲중 ⑳중 ㉑유 ㉒초 ㉓유 ㉓중 ㉔초	☐☐☐☐☐
	절차	⑨초	☐☐☐☐☐
협력	팀 모델	⑨중 ⑩유 ⑫유 ⑫초 ⑫중 ⑮유 ⑯유 ⑳유	☐☐☐☐☐
	협력교수	⑨중 ⑩중 ⑪유 ⑪초 ⑪중 ⑭유 ⑯중 ⑱유 ⑱초 ⑳초 ⑳중 ㉒초 ㉔유	☐☐☐☐☐
사회적 통합	장애이해활동	⑳유	☐☐☐☐☐
	협동학습	⑪중 ⑫중 ⑬초 ⑬중 ⑮초 ⑯중 ⑰초 ⑱중 ⑳초 ⑳중 ㉓초 ㉔중	☐☐☐☐☐
	또래교수	⑫초 ⑬중 ⑮초 ⑰중 ⑲초	☐☐☐☐☐

개별화교육 및 통합교육

핵심테마 체크 ✔

• 개별화교육계획을 위한
  정보 수집

MY MEMO

(01)

정답 및 예시답안

1) 교육방법
2) ① 기준
   ② 조건(상황)
3) ⓒ / 표준화검사를 주로 실시하면 개별화교육을 위한 구체적인 정보를 얻기 어려우므로, 타당도를 확보한 진단이라고 할 수 없다.

알찬 지문풀이

문제 3)의 <보기> 중
• ⓐ 송희의 활동결과물을 수집하여 분석하였다.
• ⓑ 일과 중 송희의 의사소통 특성을 관찰하여 일화기록을 하였다.
• ⓓ 집에서 송희가 하는 의사소통 행동에 대한 기록물을 부모에게 의뢰하여 주기적으로 수집하였다.
  ➡ 개별화교육계획안을 작성하기 위한 다양한 정보 수집 방법

관련이론

✚ 개별화교육계획의 내용(구성요소)

• 개별화교육계획에는 특수교육대상자의 인적사항과 특별한 교육지원이 필요한 영역의 현재 학습 수행수준, 교육목표, 교육내용, 교육방법, 평가계획 및 제공할 특수교육 관련 서비스의 내용과 방법 등이 포함되어야 한다.

✚ 개별화교육계획 목표의 진술 방법

• 교육목표는 하나의 의미만을 전달할 수 있도록 명료하게 객관적인 용어로 측정 가능하게 기술
• 교육목표는 수업을 받은 결과의 측면에서 '학생 중심'으로 기술
• '무엇을 가르칠 것인가?'가 아닌 '무엇을 학습할 것인가?'의 시각
• 세 가지 조건
  − 행동이 수행될 조건
  − 수업의 결과로 학생들이 성취해야 할 행동
  − 학습활동의 성취 여부를 결정할 기준 또는 수준

✚ 개별화교육계획을 위한 정보 수집

방법	• 상담, 관찰, 추가평가(형식적 · 비형식적 평가 등) ➡ 다양한 평가방법
유의점	• 특수교육대상자에 대한 정보를 수집할 때에는 개별화교육계획 수립에 참고가 될 수 있는 정보를 수집하되, 객관적이고 과학적인 방법에 의해 작성된 정보를 우선적으로 수집하고, 기타 교육에 참고가 될 수 있는 중요한 정보도 함께 수집한다. • 특수교육대상자에 대한 정보를 수집하기 위해 평가를 할 때에는 개별화교육계획 수립에 참고가 되지 않는 불필요한 평가를 하지 않도록 유의하며, 보호자에게 목적을 설명하고 동의를 구한다.

01

다음은 송희의 개별화교육계획안이다. 물음에 답하시오.
[5점]

인적 사항			
이름	정송희(여)	보호자 이름	정○○
생년월일	2009. 10. 15.	전화번호	031-315-****
주소	경기도 ○○시 ○○로 123	기타 연락번호	010-****-****
시작일	2013. 3. 18.	종료일	2013. 7. 26.
장애유형	자폐성장애		
진단 · 평가	(생략)		

… (중략) …

발달영역	언어 및 의사소통	작성자	홍○○	작성일	2013. 3.
현재 학습 수행 수준					

- 간단한 지시를 따르고, 요구했을 때 사물 또는 사람을 가리킨다.
- 자기가 하고 싶은 것이 있거나 원하는 물건이 있을 때 상대방의 손을 잡아끄는 것으로 요구를 표현한다.
- 어려운 상황이나 과제에 직면하면 무조건 울음을 터뜨린다.
- 거부의 표현으로 소리를 지르거나 돌아서거나 밀쳐낸다.

교육목표		교육내용	평가계획
장기목표	단기목표	• 필요할 때 말로 요구하기	(생략)
자신의 요구를 2단어로 말할 수 있다.	㉠		
	(생략)		
특수교육 관련서비스		(생략)	

1) 현행 「장애인 등에 대한 특수교육법 시행규칙」 제4조 제3항에 제시된 개별화교육계획에 포함되어야 할 것 중 송희의 개별화교육계획안에 나타나 있지 않은 것 1가지를 쓰시오. [1점]

2) 다음은 강 교생과 홍 교사가 나눈 대화의 일부이다. 대화 중 ①과 ②에 들어갈 말을 쓰시오. [2점]

> 강 교생: 선생님, 제가 ㉠의 단기목표를 '송희는 "주세요"라고 말할 수 있다.'로 작성했는데 어떨까요?
> 홍 교사: 선생님이 작성하신 것은 단기목표 작성의 세 가지 요소 중 '성취해야 할 행동'은 들어가 있지만 (①)와(과) (②)이(가) 포함되지 않았어요.
> 강 교생: 네, 수정하겠습니다.

① :

② :

3) 다음은 송희의 개별화교육계획안을 작성하기 위해 송희에 대한 정보를 수집하는 과정이다. 적절하지 않은 것 1가지를 찾아 기호를 쓰고, 그 이유를 쓰시오. [2점]

> ⓐ 송희의 활동결과물을 수집하여 분석하였다.
> ⓑ 일과 중 송희의 의사소통 특성을 관찰하여 일화기록을 하였다.
> ⓒ 타당도가 확보된 진단을 하기 위해 지능검사 등의 표준화검사를 주로 실시하였다.
> ⓓ 집에서 송희가 하는 의사소통 행동에 대한 기록물을 부모에게 의뢰하여 주기적으로 수집하였다.

• 기호 :

• 이유 :

02

정답 및 예시답안

1) 평가계획
2) ① 행동 / 음식을 입에 넣을 수 있다.
   ② 상황(조건) / 교사가 숟가락을 잡은 진수의 손을 잡고 입 주위까지 가져가 주면
   ③ 기준 / 3일 연속 10회 중 8회
3) 최대-최소 촉진

알찬 지문풀이

• ⓒ 처음에는 <u>신체적 촉진으로 시작</u>하고 "숟가락을 잡고 먹어 보세요."라는 <u>언어적 촉진</u>에 스스로 음식을 먹을 수 있도록 <u>점차적으로 개입을 줄인다</u>. ➡ 촉진의 개입을 점차 줄이고 있음

관련이론

✦ **개별화교육계획의 내용(구성요소)**

• 개별화교육계획에는 특수교육대상자의 인적사항과 특별한 교육지원이 필요한 영역의 현재 학습 수행수준, 교육목표, 교육내용, 교육방법, 평가계획 및 제공할 특수교육 관련서비스의 내용과 방법 등이 포함되어야 한다.

✦ **개별화교육계획 목표의 진술 방법**

• 교육목표는 하나의 의미만을 전달할 수 있도록 명료하게 객관적인 용어로 측정 가능하게 기술
• 교육목표는 수업을 받은 결과의 측면에서 '학생 중심'으로 기술
• '무엇을 가르칠 것인가?'가 아닌 '무엇을 학습할 것인가?'의 시각
• 세 가지 조건
  - 행동이 수행될 조건
  - 수업의 결과로 학생들이 성취해야 할 행동
  - 학습활동의 성취 여부를 결정할 기준 또는 수준

✦ **촉구와 용암**

촉구의 정의		• 바람직한 반응을 보일 수 있도록 도와주는 부가적인 자극 • 정확한 반응을 할 가능성을 증가시키는 데 사용되는 것	
촉구의 유형	반응촉구	• 언어적 • 자세(몸짓) • 신체적	• 시각적 • 모델링(시범) • 혼합된 촉구
	자극촉구	• 자극 내 촉구	• 자극 외 촉구
촉구의 용암	반응촉구 용암	• 도움감소법 • 촉구지연법(시간지연)	• 도움증가법 • 점진적 안내
	자극촉구 용암	• 자극촉구의 점진적 변화는 변별자극을 점차 분명하게 또는 점차 불분명하게 변화시키거나, 변별자극에 추가적 단서를 주는 것	

고득점 답안 비법 ✗ 2) 답안작성 시 : 문제 상황에 제시된 것을 찾아 그대로 작성하면 됨

02 | 2018. 유

다음은 유치원 3세반 진수의 개별화교육계획안이다. 물음에 답하시오. [5점]

인적사항			
이름	박진수(남)	생년월일	2013. 10. ○○.
시작일	2017. 3. ○○.	종료일	2017. 7. ○○.
… (생략) …			
발달 영역	자조 기술		

현재 학습수행수준
〈강점〉 • 음식을 골고루 먹을 수 있다. • 식사 시간에 식탁 의자에 앉아 있을 수 있다. 〈약점〉 • 의존성이 강하여 숟가락을 혼자서 잡지 않고 성인의 도움을 받아 음식을 먹으려고 한다.

교육목표	
장기목표	숟가락을 사용하여 스스로 식사를 할 수 있다.
단기목표	1. ㉠ 교사가 숟가락을 잡은 진수의 손을 잡고 입 주위까지 가져가 주면 3일 연속으로 10회 중 8회는 음식을 입에 넣을 수 있다. 2. … (생략) …
교육내용	… (생략) …
교육방법	㉡ 처음에는 신체적 촉진으로 시작하고 "숟가락을 잡고 먹어 보세요."라는 언어적 촉진에 스스로 음식을 먹을 수 있도록 점차적으로 개입을 줄인다.

특수교육 관련서비스
… (하략) …

1) 장애인 등에 대한 특수교육법 시행규칙(교육부령 제101호, 2016. 6. 23. 일부개정) 제4조 제3항에 제시된 개별화교육계획에 포함되어야 할 것 중 진수의 개별화교육계획안에 나타나 있지 <u>않은</u> 것 1가지를 쓰시오. [1점]

2) 메이거(R. Mager)가 제시하는 목표 진술의 3가지 요소와 ㉠에서 각 요소에 해당하는 진술 내용을 찾아 쓰시오. [3점]

　　① :

　　② :

　　③ :

3) ㉡에서 적용한 반응 촉진법의 유형은 무엇인지 쓰시오. [1점]

03

정답 및 예시답안

②

알찬 지문풀이

- ㄹ. 개별화교육계획 작성 책임은 장애학생에 관한 정보를 가장 많이 가지고 있는 특수교사가 맡는다.
  ➡ 개별화교육에 대한 책임은 각급학교의 장에게 있다.

- ㅁ. 장애학생이 다른 학교로 전학할 경우 전입학교에 개별화교육계획을 30일 이내에 송부하여야 한다.
  ➡ 14일 이내

관련이론

✦ 개별화교육의 법적 근거

개별화교육의 정의	• '개별화교육'이란 각급학교의 장이 특수교육대상자 개인의 능력을 개발하기 위하여 장애유형 및 장애특성에 적합한 교육목표·교육방법·교육내용·특수교육 관련서비스 등이 포함된 계획을 수립하여 실시하는 교육을 말한다.
개별화교육 지원팀 구성	• 각급학교의 장은 특수교육대상자의 교육적 요구에 적합한 교육을 제공하기 위하여 보호자, 특수교육 교원, 일반교육 교원, 진로 및 직업교육 담당 교원, 특수교육 관련서비스 담당 인력 등으로 개별화교육지원팀을 구성한다. • 각급학교의 장은 법 제22조 제1항에 따라 매 학년의 시작일부터 2주 이내에 각각의 특수교육대상자에 대한 개별화교육지원팀을 구성하여야 한다.
개별화 교육계획 작성	• 개별화교육지원팀은 매 학기마다 특수교육대상자에 대한 개별화교육계획을 작성하여야 한다. • 개별화교육지원팀은 매 학기의 시작일부터 30일 이내에 개별화교육계획을 작성하여야 한다.
개별화 교육계획 내용	• 개별화교육계획에는 특수교육대상자의 인적사항과 특별한 교육지원이 필요한 영역의 현재 학습수행수준, 교육목표, 교육내용, 교육방법, 평가계획 및 제공할 특수교육 관련서비스의 내용과 방법 등이 포함되어야 한다.
전학 시 송부	• 특수교육대상자가 다른 학교로 전학할 경우 또는 상급학교로 진학할 경우에는 전출학교는 전입학교에 개별화교육계획을 14일 이내에 송부하여야 한다.
특수교육 교원의 업무지원	• 특수교육 교원은 제1항부터 제3항까지의 규정에 따른 업무를 수행하기 위하여 각 업무를 지원하고 조정한다.
평가 및 결과통보	• 각급학교의 장은 매 학기마다 개별화교육계획에 따른 각각의 특수교육대상자의 학업성취도 평가를 실시하고, 그 결과를 특수교육대상자 또는 그 보호자에게 통보하여야 한다.

04

정답 및 예시답안

③

알찬 지문풀이

- ① 정서·행동장애 아동의 경우 문제행동에 대해서는 일차적으로 벌을 준다. ➡ 일차적으로 문제행동의 기능을 파악하여 근본적인 원인을 해결해야 한다.

- ② 정신지체 아동의 경우 항상 또래교수를 통해 보충설명과 피드백을 받도록 한다. ➡ 우선 독립적으로 수행할 수 있는 기회를 주고 필요에 따라 또래교수를 활용한다.

- ④ 유창성장애 아동이 말을 더듬을 때마다 교사가 아동이 하려고 하는 말을 대신해 준다. ➡ 말을 대신해 주는 것은 유창성장애 학생에게 교육적인 방안이 아니다.

- ⑤ 청각장애 아동을 위해 수화통역자를 활용할 경우 질문을 통역자에게 하고 아동에게 직접 하지 않는다. ➡ 수화통역자를 활용할 때에도 질문은 항상 학생에게 직접 해야 한다.

03

통합학급에 입급된 장애학생의 개별화교육계획에 관한
사항으로 적절한 것을 〈보기〉에서 고른 것은? [1.5점]

| 보기 |

ㄱ. 장·단기목표는 구체적이고 측정 가능한 행동목표로 기
   술한다.
ㄴ. 개별학생의 진단 및 평가 결과에 근거하여 개별화교육
   계획 내용을 작성한다.
ㄷ. 장애학생의 현재수행수준을 파악하기 위하여 표준화
   검사 및 비형식적 평가를 실시한다.
ㄹ. 개별화교육계획 작성 책임은 장애학생에 관한 정보를
   가장 많이 가지고 있는 특수교사가 맡는다.
ㅁ. 장애학생이 다른 학교로 전학할 경우 전입학교에 개
   별화교육계획을 30일 이내에 송부하여야 한다.
ㅂ. 개별화교육지원팀에는 일반교사, 부모, 진로 및 직업
   교육 담당교원, 특수교육 관련서비스 제공자 등을 포
   함한다.

① ㄱ, ㄴ, ㄹ, ㅁ   ② ㄱ, ㄴ, ㄷ, ㅂ
③ ㄱ, ㄷ, ㄹ, ㅂ   ④ ㄴ, ㄷ, ㅁ, ㅂ
⑤ ㄴ, ㄹ, ㅁ, ㅂ

04

통합교육 상황에서 아동의 장애유형(중복장애 제외)을
고려한 학습지원 전략으로 적절한 것은?

① 정서·행동장애 아동의 경우 문제행동에 대해서는 일
  차적으로 벌을 준다.
② 정신지체 아동의 경우 항상 또래교수를 통해 보충설명과
  피드백을 받도록 한다.
③ 시각장애 아동의 안전을 위해 교실 내 물리적 환경을
  일관성 있게 구성·배치한다.
④ 유창성장애 아동이 말을 더듬을 때마다 교사가 아동이
  하려고 하는 말을 대신해 준다.
⑤ 청각장애 아동을 위해 수화통역자를 활용할 경우 질문을
  통역자에게 하고 아동에게 직접 하지 않는다.

05

정답 및 예시답안

③

알찬 지문풀이

- ㄹ. 교수평가 수정 : 블록을 쌓을 수 있는지와 1~3까지 수를 셀 수 있는지를 준거로 하여 평가한다.
➡ 개별화교육계획의 목표가 1~5까지 수를 세는 것이므로 목표에 적절하지 못한 평가내용이다.

관련이론

✦ 교수적 수정

정의	• 교수적 수정은 일반학급의 일상적인 수업을 특수교육적 욕구가 있는 학생의 수업 참여의 양과 질을 최적합한 수준으로 성취시키기 위해서 교수환경, 교수적 집단화, 교수방법(교수활동, 교수전략 및 교수자료), 교수내용, 혹은 평가방법에서 수정을 하는 것을 의미한다.
5가지 유형	교수적 수정 1. 교수환경의 수정 2. 교수적 집단화의 수정 3. 교수방법의 수정 4. 교수내용의 수정 5. 평가방법의 수정

06

정답 및 예시답안

③

관련이론

✦ 교수적 수정의 7단계

1단계 : 장애학생의 IEP 장단기 교수목표의 검토

2단계 : 일반학급 수업 참여를 위한 특정 일반교과(들)의 선택

3단계 : 일반학급 환경에 대한 정보 수집

4단계 : 일반교과 수업에서 장애학생의 학업수행과 행동의 평가

5단계 : 선택된 일반교과가 한 학기 단원들의 학습목표들의 검토 후 장애학생의 한 학기 개별화된 단원별 학습목표들의 윤곽 결정

6단계 : 장애학생의 수업 참여를 위한 교수적 수정 유형의 결정 및 고안

- 교수내용의 수정(수정된 학습목표의 설정)
- 교수환경의 수정
- 교수적 집단화의 수정
- 교수방법(교수활동, 교수전략, 교수자료)의 수정
- 평가방법의 수정

7단계 : 개별화된 교수적 수정의 적용 및 교수적 수정이 적용된 수업 참여의 양과 질의 평가

핵심테마 체크 ✓
• 교수적 수정의 유형별 의미

MY MEMO

핵심테마 체크 ✓
• 교수적 수정의 적용 절차

MY MEMO

05 | 2009. 유

김 교사는 통합학급에 있는 만 5세 발달지체 유아 민주를 대상으로 다음 사항을 고려하여 탐구생활의 교수적합화(교수수정)를 하고자 한다. 교수적합화의 예시로 적절한 것을 〈보기〉에서 모두 고른 것은?

통합학급 탐구생활 학습목표	• 세 가지 유형의 색나무조각 40~50개를 크기·색·모양에 따라 분류하고 각 집합에 속한 수를 세어 그 수량을 말할 수 있다.
개별화교육계획의 장기목표	• 1~5까지 수를 셀 수 있다.
민주의 탐구생활 관련 특성	• 새로운 것에 대한 호기심이 많음. 지시가 주어지면 물건을 '위·아래·안·밖'에 놓을 수 있음. 두 단어 문장의 언어 표현을 함. 블록 쌓기에 관심이 많음. 간단한 색(빨강·파랑·노랑)을 구분할 수 있음

┌ 보기 ┐
ㄱ. 학습목표 수정 : 3가지 색의 블록 3개씩을 색깔별로 쌓으면서 촉진(촉구) 없이도 수를 셀 수 있다.
ㄴ. 교수활동 수정 : 교사가 시범을 보인 후에 교사의 촉진에 따라 활동을 반복하도록 하고 교사의 촉진 없이 활동을 하게 한다.
ㄷ. 교수자료 수정 : 색 블록을 활용한다.
ㄹ. 교수평가 수정 : 블록을 쌓을 수 있는지와 1~3까지 수를 셀 수 있는지를 준거로 하여 평가한다.

① ㄱ, ㄴ   ② ㄷ, ㄹ
③ ㄱ, ㄴ, ㄷ   ④ ㄴ, ㄷ, ㄹ
⑤ ㄱ, ㄴ, ㄷ, ㄹ

06 | 2009. 초

윤 교사는 초등학교 1학년 일반학급에 통합된 정신지체 학생 주호에게 수학과 측정 영역에서 '시각 읽기' 지도를 위해 교수적합화(교수수정)를 적용하려고 한다. 다음 (가)와 (다)에 들어갈 요소를 〈보기〉에서 고른 것은?

┌─────────────────────────┐
(가) _____
(나) 일반학급 환경에 대한 정보 수집
(다) _____
(라) 주호에게 적합한 학습목표 설정
(마) 주호의 수업참여를 위한 교수적합화 유형의 결정 및 실제 고안
(바) 교수적합화의 적용과 교수적합화가 적용된 수업참여의 양과 질의 평가
└─────────────────────────┘

┌ 보기 ┐
ㄱ. 주호에 대한 가족지원 필요성 검토
ㄴ. 주호의 개별화교육계획 교수목표의 검토
ㄷ. 일반학급에서 주호의 학업수행 관련 특성 분석
ㄹ. 일반학급 학생들에 대한 수학성취도 검사 실시

① ㄱ, ㄴ   ② ㄱ, ㄹ
③ ㄴ, ㄷ   ④ ㄴ, ㄹ
⑤ ㄷ, ㄹ

핵심테마 체크 ✔

- 중복 교육과정과 중다수준 교육과정
- 교수적 수정의 유형 중 교수집단화

> MY MEMO

07

정답 및 예시답안

⑤

알찬 지문풀이

- ① ➡ '도덕적 주체로서의 나' 영역
- ② 교육과정 중복 ➡ 같은 활동하에 다른 영역의 목표를 추구하는 것
- ③ 토론수업 모형 ➡ 도덕적 문제 사태 제시 → 도입 단계 → 심화 단계 → 실천동기부여 및 확대 적용하기
- ④ 역할놀이수업 모형 ➡ 역할놀이 상황의 설정과 준비 → 역할놀이 참가자 선정 및 청중의 준비 자세 확인 → 역할놀이 시연 → 역할놀이에 대한 토론 및 평가

관련이론

✦ 중다수준 교수와 교육과정 중복

중다 수준 교수	• 장애학생과 일반 또래들이 과학실험과 같이 함께하는 활동에 참여할 때 이루어짐 • 학생들은 같은 교과 영역 내의 여러 수준의 교육목표를 가짐 　　예 학년 수준 이하, 학년 수준, 학년 수준 이상 • 고전적인 교육목표의 위계 개념이 기초 • 한 학생은 기초적인 지식이나 이해 수준에서 학습할 때, 다른 학생은 보다 심화된 적용이나 종합 수준에서 배울 수 있음 • 여러 과목에서 이루어질 수 있음 • 학습성과의 수준만 조정할 수도 있고 학습내용의 수준 자체가 달라질 수도 있음
교육 과정 중복	• 기본적으로 중다수준 교수와 같은 방법에서 출발 • 장애학생과 일반학생이 각자의 개별화된 교수목표를 가지고 교육활동에 참여하는 것 • 개별화된 학습목표가 둘 이상의 교육 영역에서 나온다는 점이 같은 교과 영역 내에서의 수준 차이만을 가지는 중다수준 교수와 다른 점 • 대부분의 중도장애 학생들의 경우 교육과정 중복이 더 사용되고 있음 • 교육과정 중복을 고려하기 전에 일반 또래들과 같은 목표나 중다수준 교수목표를 고려할 수 있는지를 먼저 생각해보는 것이 중요함

핵심테마 체크 ✔

- 교육과정 수정
- 부분참여 전략
- 협력교수
- 실제적 다수준 포함법

> MY MEMO

08

정답 및 예시답안

④

알찬 지문풀이

- ㄷ. 도입 단계: 교수-보조
  전개 단계: 두 교사가 두 조씩 맡아 조별 활동을 지도하는 것은 같은 내용을 각 집단에 지도하는 평행교수의 형태가 아님
  ➡ 두 교사는 각자 두 조를 맡아 조별로 다르게 계획된 내용을 지도하도록 하였으므로 두 교사의 단순 역할분담으로 해석할 수 있음. 팀티칭, 대안교수, 스테이션, 교수-보조형태에 모두 해당되지 않음

- ㄹ. 다양한 학습 표현 방법을 동등하게 인정해 주는 <u>실제적 다수준 포함 교수법(authentic multilevel instruction)</u>을 사용하였다. ➡ 실제적 다수준 포함 교수법은 모든 학생들이 수준에 상관없이 각자에게 유의미한 학습을 할 수 있도록 수업을 운영하는 것이며, 다양한 학습 표현 방법을 인정해 주어 각자에게 의미 있는 학습이 되도록 하였음

관련이론

✦ 실제적 다수준 포함 교수법

- 모든 학생들이 수준에 상관없이 동일한 공간, 수업 시간에 각자에게 유의미한 학습을 할 수 있도록 수업을 운영하려는 접근
- 교수방법이라기보다 교육과정 및 수업 운영방침에 해당
- 통합과 화합 강조
- 서로 다른 학습 스타일 인정

07

다음은 정서·행동장애 학생 은수에게 2007년 개정 초등학교 교육과정 도덕과 4학년의 '자신의 일을 스스로 하는 삶'을 지도하기 위하여 통합학급 교사가 작성한 교수·학습 계획을 특수학급 교사가 수정해 준 내용이다. 이에 대한 설명으로 가장 적절한 것은?

〈통합학급 교사가 작성한 교수·학습 계획〉

- 단원: 자신의 일을 스스로 하는 삶
- 차시 목표: 스스로 계획한 일을 실천할 수 있다.

차시	교수·학습 활동	자료	유의점
3/3	• 자주적인 생활 계획 세우고 실천하기 −스스로 계획을 세우고 실천하는 방법에 대해 토의하게 한다.	• 예화 자료 • 교과서	토의에 전체 학생이 참여하도록 한다.

〈특수학급 교사가 수정해 준 교수·학습 계획〉

- 단원: ㉠자신의 일을 스스로 하는 삶
- 차시 목표: ㉡생활계획표를 작성하여 실천할 수 있다.

차시	교수·학습 활동	자료	유의점
3/3	• 자주적인 생활 계획 세우고 실천하기 −㉢모둠별로 조사한 자료를 활용하여 생활계획표를 작성하고 실천점검표를 만들게 한다.	• ㉣교실 정면의 행동약속판 • 그림 자료	㉤일반학생 5명과 은수가 모둠이 되어 학습목표에 도달할 수 있도록 서로 도와주게 한다.

① ㉠은 도덕과의 '우리·타인·사회와의 관계' 영역에 속한다.
② ㉡은 교육과정중복(curriculum overlapping) 원리를 적용하여 수정한 것이다.
③ ㉢은 토론수업 모형으로 수정한 것이다.
④ ㉣은 역할놀이수업 모형으로 수정한 것이다.
⑤ ㉤은 교수 집단을 수정한 것이다.

08

다음은 만 5세 통합학급 풀잎반 미술수업에서 유아특수교사인 민 교사와 유아교사인 김 교사가 '공룡 표현하기' 활동을 전개한 내용이다. 이 수업에 대한 설명으로 옳은 것을 〈보기〉에서 모두 고른 것은?

단계	교수·학습 활동	진행 교사	
		김	민
도입	• 공룡 사진을 보여 주며 설명한다.	○	
	• 교실 벽에 4장의 전지를 붙여 놓고 OHP로 공룡 사진을 투사 확대한다.	○	
	• 일반 유아 1명과 장애 유아 1명이 확대된 공룡을 선 따라 그리게 한다.	○	
	• 공룡의 일부분이 그려진 4장의 전지를 조별로 나누어 준다.		○

빨강 조	노랑 조	파랑 조	보라 조	
• 여러 가지 종이를 구겨 붙인다.	• 색연필, 크레파스, 물감으로 칠한다.	• 자유롭게 그린다.	• 여러 가지 모양을 오려 붙인다. • 가위질이 서툰 일반 유아 선미에게 보조 손잡이가 달린 가위로 교사와 함께 오리도록 한다.	두 교사가 두 조씩 맡아 조별 활동 지도
• 신문지 구기기를 좋아하는 발달지체 유아 민수에게 신문지를 구기도록 한다.	• 지체장애 유아 민이에게 스펀지가 달린 막대로 물감을 칠하도록 한다.	• 자폐성장애 유아 효주에게 자신이 좋아하는 세밀화를 그리도록 한다.		

전개

정리·평가	• 조별 활동에 대해 자신의 생각이나 느낌을 말하도록 한다.		○
	• 완성된 공룡 작품을 보고 생각나는 것을 이야기하도록 한다.		○

보기
ㄱ. 전개 단계에서 교육과정 수정 전략을 사용하였다.
ㄴ. 빨강 조 민수에게 부분 참여 전략을 사용하였다.
ㄷ. 도입 단계에서는 대안적 교수 방법을, 전개 단계에서는 평행 교수 방법을 사용하였다.
ㄹ. 다양한 학습 표현 방법을 동등하게 인정해 주는 실제적 다수준 포함 교수법(authentic multilevel instruction)을 사용하였다.

① ㄱ, ㄴ
② ㄱ, ㄷ
③ ㄷ, ㄹ
④ ㄱ, ㄴ, ㄹ
⑤ ㄴ, ㄷ, ㄹ

핵심테마 체크 ✓

• 교수적 수정의 유형 중 평가방법의 수정
• 가드너의 다중지능이론
• 협력교수

MY MEMO

09

정답 및 예시답안

○ ㉠은 평가방법의 수정을 사용한 것이다.
○ ㉡에 해당하는 내용은 공간지능이다.
○ ㉢은 대안교수이고, 대안교수는 추가적이거나 부가적인 도움을 받는 학생들을 대상으로 소집단을 구성하여 지도하는 반면, 교수-지원 모형은 집단 구성 없이 도움이 필요한 경우 (적재적소에) 보조나 지원을 제공한다는 점에서 차이가 있다.

알찬 지문풀이

• ⓑ 제가 반 전체를 맡고, 선생님께서는 학생 D와 E를 포함하여 4~5명의 학생을 지도해 주시면 좋겠어요. ➡ 소집단 구성을 의미

• ㉠ <u>수업의 정리 단계</u>에서 학생 D에게는 시간을 더 주고, 글보다 도식과 같은 그림으로 표현하게 하여 그 결과를 확인 ➡ 수업의 정리 단계에서 평가조정을 하였다는 의미

관련이론

✦ **대안교수**

장점	• 심화학습의 기회를 제공함 • 결석한 학생의 보충 기회를 제공함 • 개인과 전체 학급의 속도를 맞출 수 있음 • 못하는 부분을 개발해 주는 시간을 만들 수 있음
단점	• 도움이 필요한 잘 못하는 학생들만 계속 선택하기 쉬움 • 분리된 학습환경을 조성함 • 조율하기 어려움 • 학생들을 고립시킬 수 있음
효과	• 추가적인 지원이 필요한 학생에게 지원 가능함(심화수업, 보충수업) • 전체 수업을 담당하는 교사가 집중할 수 있도록 도움 제공함

✦ **교수-지원**

장점	• 주교사가 수업을 하는 동안 지원교사는 지원이 필요한 아동에게 개별적인 도움을 줄 수 있음 • 지원교사는 수업 중 아동의 이해 정도를 점검하고 이해하기 어려운 개념에 대해 구체적인 예를 설명해 주기도 하며, 아동이 수업에 참여하도록 유도하거나 적극적으로 참여할 것을 격려함 • 교사들이 수업을 준비하고 계획하는 데 그다지 많은 협력을 요구하지 않기 때문에 협력교수를 처음으로 실시하는 교사들에게 적합한 모델임
단점	• 언제나 주교사가 일반교사가 되고 보조 역할을 맡은 교사가 특수교사가 되어서는 안 됨 • 주교사와 보조교사는 완전한 동질의 파트너가 되어야 함 • 이동하며 돕는 교사가 보조자로 보일 수 있다는 점과 학생의 주의를 산만하게 할 수 있다는 단점이 있음 • 교사가 이동하며 도와주기 때문에 학생들을 의존적인 학습자로 만드는 경향이 있음 • 특수교사가 특수교육대상 아동만을 지원할 경우, 특수교사는 장애 아동을 지원하기 위해 통합학급에 들어온 손님으로 여겨지기 쉬움
효과	• 모든 주제활동에 적용 가능함 • 일대일 직접 지도 가능함 • 전체 교수를 담당하는 교사는 다른 협력교사가 학생들을 개별적으로 지원하거나 행동 문제를 관리하므로 전체 수업에 더욱 집중할 수 있음 • 다른 모형에 비해 상대적으로 적은 협력계획 시간이 요구됨

고득점 답안 비법 ✗ 〈작성방법〉의 조건을 정확히 이해하고, 조건에 맞는 답안을 작성하는 것이 중요. 두 협력교수의 차이점을 '집단 구성 측면'에서 명확하게 서술해야 함

09 |
2020. 중
★답안작성

(가)는 ○○중학교에서 통합교육을 받고 있는 학생 D와 E에 대해 담임교사와 특수교사가 나눈 대화의 일부이고, (나)는 특수교사가 작성한 수업 지원 계획의 일부이다. 〈작성 방법〉에 따라 서술하시오. [4점]

(가) 대화

특수교사:	학생 D와 E의 특성에 대해 이야기해 보고, 수업에서 지원할 수 있는 방법을 의논해 볼까요?
담임교사:	네, 먼저 학생 D는 ⓐ<u>수업의 주제를 도형이나 개념도와 같은 그림으로 표현하는 것을 좋아</u>한다고 합니다. 자신이 지각한 것을 머릿속에서 시각화하고, 이것을 창의적으로 표현하는 능력이 뛰어난 학생입니다. 그리고 학생 E는 체육 활동에 적극적으로 참여하고, 수행 수준도 우수하다고 해요. 하지만 제 수업인 국어 시간에는 흥미가 없어서인지 활동에 잘 참여하지 않아서 걱정입니다.
특수교사:	두 학생의 장점이나 흥미를 교수·학습 활동에 반영하고, 선생님과 제가 수업을 함께 해보면 어떨까요?
담임교사:	네, 좋은 생각입니다. 제 수업 시간에는 ⓑ<u>제가 반 전체를 맡고, 선생님께서는 학생 D와 E를 포함하여 4~5명의 학생을 지도해 주시면 좋</u>겠어요. … (중략) …
특수교사:	네, 그리고 ㉠<u>수업의 정리 단계에서 학생 D에게는 시간을 더 주고, 글보다 도식과 같은 그림으로 표현하게 하여 그 결과를 확인하는 것이</u> 좋겠습니다.

(나) 수업 지원 계획

수업 지원 교과	국어		
수업 주제	상대의 감정을 파악하며 대화하기		
학생	다중지능 유형	학생 특성을 반영한 활동계획	협력교수 모형
D	(㉡)	상대의 감정을 시각화하여 창의적으로 표현하기	(㉢)
E	신체운동 지능	상대의 감정을 신체로 표현하기	

작성방법
- (가)의 밑줄 친 ㉠에서 사용한 교수적 수정(교수 적합화)의 유형을 1가지 쓸 것
- (가)의 밑줄 친 ⓐ를 참고하여 (나)의 괄호 안의 ㉡에 해당하는 내용을 가드너(H. Gardner)의 다중지능이론에 근거하여 쓸 것
- (가)의 밑줄 친 ⓑ를 참고하여 (나)의 괄호 안의 ㉢에 해당하는 용어를 쓰고, ㉢과 '교수-지원(one-teach, one-assist) 모형'의 차이점을 학습 집단 구성 측면에서 1가지 서술할 것

핵심테마 체크 ✓

• 교수적 수정의 유형

MY MEMO

10

정답 및 예시답안

1) ① 초과정
　　② 교수환경의 수정
2) 초과정
3) 초과정

관련이론

✦ 교수적 수정의 유형별 핵심

교수환경	• 교수환경의 수정은 일반학급의 물리적 및 사회적 환경을 장애학생의 일반학급에서의 학습목표 달성을 촉진하기 위해서 수정하는 것을 의미한다.
교수적 집단화	• 교수적 집단화 형태의 수정이란 교육내용을 가장 적합하게 교수하기 위해서 교사가 사용하는 학생들의 교수적 집단화에서의 수정 및 보완을 의미한다.
교수방법	• **교수활동의 수정** : 구체적 활동으로 수정, 작은 단계로 나누는 것, 과제의 양 조절, 쉽게 또는 구체적으로 수정, 활동중심적으로 수정 • **교수전략의 수정** : 교수할 내용을 교수활동의 맥락에서 수정하여 지도하는 것을 말한다. • **교수자료의 수정** : 학생에게 정보의 다른 입력 양식을 허용하거나 학생의 다른 반응 양식을 허용하여 다양하고 풍부한 학습 자료를 제시하는 것
교수내용	• 일반교육과정의 내용을 장애학생의 독특한 교육적 욕구와 기술의 수행수준에 적합하게 다양한 수준으로 수정하는 것
평가방법	✦ 평가조정 전략 – 의미 : 일반교육과정의 내용을 장애학생의 독특한 교육적 욕구와 기술의 수행수준에 적합하게 다양한 수준으로 수정하는 것 – 유형

구분	영역	조정 방법
평가환경	평가공간	독립된 방 제공
	평가시간	시간 연장, 회기 연장, 휴식시간 변경
평가도구	평가자료	시험지의 확대, 점역, 녹음
	보조인력	수화통역사, 대필자, 점역사, 속기사 제공
평가방법	제시방법	지시 해석해 주기, 소리 내어 읽어주기, 핵심어 제공하기
	응답방법	손으로 답 지적하기, 보기 이용하기, 구술하기, 수화로 답하기, 시험지에 답 쓰기

✦ 대안적 평가방법
전통적인 점수화, 합격/불합격체계, IEP점수화, 습득 또는 준거 점수화, 다면적 점수화, 공동 점수화, 항목점수 체계, 학생 자가평가, 계약 점수화, 포트폴리오 평가

10 |

2024. 초

(가)는 2015 개정 도덕과 교육과정 6학년 '공정한 생활' 단원 수업 준비를 위해 통합학급 교사와 특수교사가 협의한 내용의 일부이고, (나)는 통합학급 교사가 (가)를 참고하여 작성한 교수·학습 과정안의 일부이다. 물음에 답하시오. [5점]

(가)

○ 통합학급에서 관찰된 지수의 특성
- 친구들이 학용품을 빌려 달라고 할 때마다 자신의 심부름을 해 달라고 함
- 자신에게 유리할 때만 학급 규칙을 지킴   [A]
- 교사가 도움을 요청하면 자신의 부탁을 먼저 들어 달라고 함

○ 지도의 중점
- 지수가 현재 도덕성 단계에서 다음 도덕성 단계로 발달할 수 있도록 공정함의 의미와 중요성에 대해 충분히 인식하게 함

○ 수업 지원 방법

수업 중 행동	지원 방법
• 오전에 집중력이 높음	도덕 수업을 오전에 배치함
• 수업 중 쉽게 산만해짐	교탁과 가까운 곳에 좌석을 배치하고, 주의집중 방해 요인을 제거함
• 여기저기를 돌아다니며 모둠 활동을 하거나 다른 모둠의 활동을 방해함	바닥에 색 테이프를 붙여 모둠 간의 영역을 분명하게 구분하고 해당 모둠 영역 안에서만 활동을 하게 함

[B]

(나)

단원	㉠ 4. 공정한 생활	차시	1차시
학습목표	㉡ 공정함의 의미와 공정한 생활의 중요성을 설명할 수 있다.		
단계	교수·학습 활동		
도입	• 동기유발하기 - <만약에 말이야> 놀이 하기 안내견이라도 동물은 출입 금지입니다. ○○식당 나랑 친하니까 맛있는 반찬을 많이 줘야지.		
전개	• 영상을 시청하며 공정함이라는 가치 개념 확인하기 • (㉢) • 공정함의 경계에 해당하는 사례 확인하기		

1) ① 콜버그(L. Kohlberg) 도덕성 발달 이론의 6단계 중에서 (가)의 [A]에 해당하는 도덕성 발달 단계의 명칭을 쓰고(단, 숫자로 표기하지 않음), ② (가)의 [B]에 해당하는 교수적 수정의 유형을 쓰시오. [2점]

① :

② :

2) ① (나)의 ㉠이 해당하는 영역을 2015 개정 도덕과 교육과정 내용 체계에 근거하여 쓰고, ② (나)의 ㉡과 관련된 도덕과 학습 지도의 기본 원리를 쓰시오. [2점]

① :

② :

3) (나)의 ㉢에 들어갈 내용을 개념 분석 수업 모형의 단계에 근거하여 쓰시오. [1점]

핵심테마 체크 ✓

• 교수적 수정의 필요성 (의미)
• 평가조정 전략
• 보편적 학습설계의 정의

MY MEMO

⑪

정답 및 예시답안

	채점요소	배점
	서론, 본론, 결론의 형식으로 작성	1
서	교수적 수정의 필요성	1
본	• 교수적 수정의 적용 사례 　-교수집단화 → 학생 C 　-교육방법 → 학생 B 　-교육내용 → 학생 A • 평가 수정의 예 　-학생 A, 반응형태의 수정 → 확대 답안지를 제공한다. 　-학생 B, 제시형태의 수정 → 필답으로 대체한다. 　-학생 C, 시간조정 → 휴식시간을 조정한다.	6
결	• 교수적 수정의 한계점 • 보편적 학습설계의 시사점	2

관련이론

✦ **검사조정 방법(청각장애 예시)**

조정의 형태	조정의 예시
제시형태	수화 지시, 청각 보조기 사용, 수화통역자 제공
반응형태	수화 응답
검사시간	검사시간 연장, 검사 중 휴식, 몇 차례로 나누어 실시
검사환경	증폭 및 방음시설, 독립된 장소, 특수자리 배치, 듣기평가·필답고사로 대체

✦ **평가조정 예시〈장애학생 평가조정 매뉴얼, 국립특수교육원〉:** 시각장애 학생을 위한 평가조정 방법 예시

과목	평가 방법	평가조정 방법				
		평가운영		평가구성		점수부여
		환경조정	시간조정	제시형태	반응형태	
수학	지필 평가	비장애 학생과 같음	시험시간 1.5배 연장	확대 그림 제공	확대 답안지에 답안 제출	비장애 학생과 같음
미술	실기 평가	비장애 학생과 같음	시험시간 1.5배 연장	점토와 은박지 제공함	인물을 입체적으로 표현하게 함	평가 기준에서 채색은 제외함
체육	실기 평가	• 골대 뒤와 경기장 중앙에 가이드를 배치함 • 방울이 들어 있는 특수공 사용 • 조용한 실내에서 경기를 시행함	비장애 학생과 같음	• 가이드는 패스할 상대방의 위치를 소리로 알려줌 • 킥을 찰 때 골대 뒤의 가이드가 골대의 위치를 알려줌	비장애 학생과 같음	• 자세와 태도 평가는 비장애학생과 같음 • 킥의 기회를 2회 더 제공함

고득점 답안 비법 ✗ 답안작성 조건을 충실히 반영하여, 서술형 답안으로 요약정리 해볼 것

11

(가)는 ○○중학교에 재학 중인 장애학생에 관한 특성과 배치 형태이고, (나)는 교수적 수정을 적용하고자 하는 국어과 교수·학습 지도안의 일부이다. (다)는 이에 대한 국어교사와 특수교사의 대화 내용이다. 통합교육 상황에서 '교수적 수정'의 필요성, 적용사례 및 시사점을 〈작성 방법〉에 따라 논술하시오. [10점]

(가) 학생의 특성 및 배치 형태

학생 (원적 학급)	특성	배치 형태
학생 A (2학년 1반)	• 시각장애(저시력) • 18 point 확대자료를 요구함 • 시각적 수행능력의 변화가 심하여 주의가 필요함	일반학급
학생 B (2학년 4반)	• 청각장애(인공와우 착용) • 대화는 큰 어려움이 없음 • 듣기나 동영상 자료를 접근할 때 어려움이 있음	일반학급
학생 C (2학년 6반)	• 경도 자폐성장애 • 어휘력이 높으며, 텍스트에 그림이 들어갈 때 이해를 더 잘함 • 많은 사람과 같이 있거나, 한꺼번에 너무 많은 자극이 있는 상황을 어려워함	특수학급

(나) 국어과 교수·학습 지도안

단원명	논리적인 말과 글		
제재	'이 문제는 이렇게'	차시	4/5
학습 목표	생활주변의 요구사항을 담은 건의문을 다양한 방식으로 작성한다.		

교수·학습 활동	자료 및 유의점
… (상략) …	
〈활동 1〉 • 교사가 준비한 건의문 예시 자료를 함께 읽는다.	• 신문에 나타난 3가지 형식의 건의문 준비하기
〈활동 2〉 • 각 모둠에서 만든 우리 동네의 문제점(잘못된 점자 표기, 주차난, 음식물 쓰레기)이 담긴 동영상 자료를 함께 살펴보고, 지역사회에 건의할 문제에 대해 모둠별로 토론한 후, 아이디어를 발표한다.	• 학생들이 준비한 동영상 자료를 미리 점검하기

(다) 대화 내용

국어교사:	다양한 학생들을 하나의 내용과 방법으로 지도하고 있어서 늘 신경 쓰였어요.
특수교사:	이 고민은 '교수적 수정'을 통해 풀어보면 좋을 것 같아요. 많은 시간 통합학급에서 학습하는 학생 A, B, C를 위해 교수적 수정을 하여 통합교육을 지원해 볼 수 있어요.
	… (중략) …
국어교사:	지금까지 교육 환경, ㉠교수 집단화, 교육 방법, 교육 내용 측면에서의 '교수적 수정' 그리고 평가 방법 차원의 수정 방법을 설명해 주셨는데요, ㉡평가 수정 방법에서 시간을 연장하는 것 외에 구체적인 수정 방법으로 무엇이 있을까요?
	… (중략) …
특수교사:	잘 들어 주셔서 감사합니다. 하지만 통합교육 상황에서 '교수적 수정'으로 접근할 때도 한계가 있어 '보편적 학습설계'의 원리 적용이 필요하다는 견해가 있습니다.

작성방법

• 서론, 본론, 결론의 형식으로 작성할 것
• 서론에는 통합교육 장면에서 '교수적 수정'의 필요성을 서술할 것
• 본론에는 아래 내용을 포함하여 작성할 것
 − 밑줄 친 ㉠의 적용 사례를 (나)의 수업 상황과 연관 지어 각 1가지씩 작성할 것 (단, 학생 A, B, C의 특성을 고려하여 작성하되 한 사례에 1명의 학생을 반영하여 제시할 것)
 − 밑줄 친 ㉡의 예를 3가지 제시하되, 학생 A에게는 '반응 형태의 수정', 학생 B에게는 '제시 형태의 수정' 그리고 학생 C에게는 '시간 조정(단, 시간 연장 방법은 제외)'에 대해 제시할 것
• 결론에는 통합교육에서 '교수적 수정'이 지닌 한계를 쓰고 '보편적 학습설계'가 주는 시사점을 서술할 것

12

정답 및 예시답안

③

알찬 지문풀이

• (나) 학업 수준이 비슷한 학생 4~6명의 구성원이 과제를 완성하는 데 필요한 일을 분배하고 자료를 구한 후, 과제가 완성되면 집단에게 보고하고 피드백을 받는 협동 학습 방법을 사용한다. ➡ 협동학습은 이질적 집단(수준이 다양한)으로 구성해야 하며, (나)의 설명은 집단탐구(GI)에 해당하는 설명

• (다) 두 교사가 동등한 책임과 역할을 분담하여 같은 학습 집단을 맡아서 가르치는 것으로, 수업 내용을 공동으로 구안하고 지도하는 협력교수 방법을 사용한다. ➡ 이는 평행교수가 아니라 팀티칭에 대한 설명. 평행교수는 같은 내용을 다른 집단에 각 교사가 지도하는 것

관련이론

✦ 교수적 환경의 수정

영역	교수환경의 수정
물리적 환경	• 교사와 상호작용이 용이하도록 앞줄 중앙에 배치함 • 학습활동 시 또래지원이 용이한 아동과 짝이 되게 함 • 학습활동 시 불필요한 소음을 줄여 줌 • 모둠활동 시 또래와 원활히 상호작용을 할 수 있는 자리에 배치 • 장애학생의 접근성과 안전을 위해 교실을 1층에 배치
사회·심리적 환경	• 월 1회 장애 인식 개선 활동(비디오, 영화, 체험활동) • 장애학생의 학습활동 참여를 위해 학급 내 역할 부여하기 • 장애학생에게 일부 수정된 규칙 적용하기 • 장애학생의 참여를 위해 모둠활동 시 협력적 과제 부여하기 • 교사가 모든 구성원에게 동등한 배려와 관심 갖기

13

정답 및 예시답안

②

알찬 지문풀이

• ② 수지가 '학생 2'의 역할을 할 경우, 대사의 어휘 수준을 수지에게 맞춘다면 교수환경을 수정하는 것이다. ➡ 어휘 수준을 수정하는 것은 교육내용의 수정에 해당

12

통합교육을 위한 교수적 수정의 유형별 방법과 내용이 바르게 연결된 것을 고른 것은? [1.5점]

	유형	방법	내용
(가)	교수 환경 수정	사회적 환경 조성	장애학생 개개인의 소속감, 평등감, 존중감, 협동심, 상호의존감 등을 고려한다.
(나)	교수 집단 수정	성취-과제 분담(STAD)	학업 수준이 비슷한 학생 4~6명의 구성원이 과제를 완성하는 데 필요한 일을 분배하고 자료를 구한 후, 과제가 완성되면 집단에게 보고하고 피드백을 받는 협동 학습 방법을 사용한다.
(다)	교수 방법 수정	평행교수	두 교사가 동등한 책임과 역할을 분담하여 같은 학습 집단을 맡아서 가르치는 것으로, 수업 내용을 공동으로 구안하고 지도하는 협력교수 방법을 사용한다.
(라)	교수 내용 수정	중첩 교육과정 (curriculum overlapping)	장애학생을 일반학생과 같은 활동에 참여하게 하되, 각각 다른 교육과정 영역에서 다른 교수 목표를 선정하여 지도한다.
(마)	평가 방법 수정	다면적 점수화	학생의 능력, 노력, 성취 등의 영역을 평가한다.

① (가), (나), (라) ② (가), (나), (마)
③ (가), (라), (마) ④ (나), (다), (마)
⑤ (다), (라), (마)

13

장애학생들이 통합되어 있는 2학년 일반학급의 박 교사는 슬기로운 생활 '이웃 놀이' 수업을 하려고 한다. (가)는 장애학생들의 특성이고, (나)는 '이웃 놀이' 수업에 사용할 역할극 대본의 일부이다. 이에 대한 설명으로 적절하지 않은 것은?

(가)

> 수지 : 의사소통장애(언어 표현에 어려움이 있음)
> 민지 : 정신지체(수 개념은 없으나 같은 숫자를 찾을 수는 있음)

(나)

> 학생 1 : 아악, 아야!(계단 아래에서 넘어진 상태로 다리를 잡고 울고 있다.)
> 학생 2 : (학생 1에게 급히 다가가서) 다리를 많이 다쳤나 봐. 어떡하지?
> 학생 3 : 119 구급대에 연락해야 해.
> 학생 4 : (전화기의 119 숫자를 누른다.)

① 본 수업의 활동 주제는 '소중한 우리 이웃'이다.
② 수지가 '학생 2'의 역할을 할 경우, 대사의 어휘 수준을 수지에게 맞춘다면 교수환경을 수정하는 것이다.
③ 수지가 '학생 3'의 역할을 할 경우, 보완·대체의사소통 기구로 대사를 표현하도록 한다면 학생의 과제수행방법을 수정하는 것이다.
④ 민지가 '학생 4'의 역할을 할 경우, 119 숫자를 정확하게 누를 수 있도록 숫자 1, 9에 표시가 되어 있는 전화기를 준다면 교수자료를 수정하는 것이다.
⑤ 민지가 '학생 4'의 역할을 할 경우, '학생 2'가 민지에게 119 숫자를 하나씩 알려주어 민지가 119에 전화를 걸도록 한다면 또래지원 전략을 적용하는 것이다.

(14)

• 교수적 수정_자료 수정
  (유아특수교육개론)
• 파워카드

> MY MEMO

정답 및 예시답안

1) 유치원 교육과정
2) ① 골대를 크게 제작하는 것
   ② 유치원 교육과정
3) 로봇이 진서의 특별한 관심 대상이기 때문이다.

알찬 지문풀이

• 지수는 다리에 힘이 조금 부족하지만 워커로 이동할 수 있으니 (ⓒ). ➡ 지체장애 지수의 신체적 특성을 의미함. 이를 반영하여 ⓒ에 들어갈 내용을 쓰는 것

관련이론

✦ 파워카드

의미 및 특성	• 아동의 특별한 관심을 사회적 상호작용 교수에 포함시키는 시각적 지원방법 • 특별한 관심을 긍정적으로 활용한 대표적인 강점 중심의 중재 방법이자 사회적 담화의 한 유형 • 사회적 상황과 일상적 일과의 의미를 알려 주고, 언어의 의미를 알려 주며, 일상적 일과, 기대되는 행동, 다른 사람의 마음이해 방법, 잠재적 교육과정으로 알려진 일상생활 중 해서는 안 되는 일과 해야 할 일 등을 지도할 때 효과적으로 활용 가능
요소	**스크립트 (시나리오)** • 학생이 영웅시하는 인물이나 특별한 관심사, 그리고 학생이 힘들어하는 행동이나 상황에 관련된 간략한 시나리오를 작성한다. • 시나리오는 대상 학생의 인지수준으로 작성한다. 이러한 간략한 시나리오와 더불어 특별한 관심사에 해당하는 그림을 포함한다. • 첫 번째 문단에서 영웅이나 롤 모델이 등장하여 문제 상황에 대한 해결이나 성공 경험을 제시한다. 두 번째 문단에서는 3~5단계로 나눈 구체적인 행동을 제시하여 새로운 행동을 습득할 수 있도록 한다.
	파워카드 • 이 카드에는 특별한 관심 대상에 대한 작은 그림과 문제행동이나 상황에 대한 해결방안을 제시한다. • 파워카드는 학생이 습득한 행동을 일반화하기 위한 방안으로도 활용될 수 있다. • 파워카드는 지갑이나 주머니에 넣고 다니거나 책상 위에 두고 볼 수 있도록 한다.

고득점 답안 비법 ✗ 3) 문항 작성 시 : 파워카드의 핵심 요소를 문제 상황에 적용하여, 해당하는 내용만 간결하게 작성할 것

14

2023. 유
★답안작성

(가)는 작은 운동회를 위한 특수학교 교사들의 사전 협의 회의 일부이고, (나)는 자폐성장애 유아 진서를 위한 파워카드이다. 물음에 답하시오. [5점]

(가)

> 김 교사 : 10월에 실시할 작은 운동회를 위한 협의회를 시작하도록 하겠습니다.
>
> … (중략) …
>
> 김 교사 : 이제 작은 운동회 내용을 정리해 보겠습니다.
>
> 이 교사 : ㉠ 축구 코스에서는 아이들이 발로 미니 골대 안에 공을 넣도록 해요. 지수는 다리에 힘이 조금 부족하지만 워커로 이동할 수 있으니 (㉡).
>
> 홍 교사 : ㉢ 뿅뿅 코스에서는 의자 위에 올려놓은 뺑과자를 엉덩이로 부숴 봐요.
>
> 박 교사 : 터널 코스에서는 유아들이 터널을 기어서 통과하도록 하겠습니다.
>
> 김 교사 : 그리고 ㉣ 출발점부터 도착점까지 유아들이 걷거나 달려도 되는데 너무 빨리 달리지 않도록 지도해 주세요.
>
> 교사들 : 네, 알겠습니다.
>
> 김 교사 : 그런데 홍 선생님 반의 진서가 갑자기 강당 밖으로 뛰어나간 적이 있었는데 선생님은 어떻게 지도하세요?
>
> 홍 교사 : 로봇 그림을 사용한 파워카드 전략으로 강당에 올 때마다 지도하고 있어요. 작은 운동회 때도 파워카드를 사용하도록 하겠습니다.

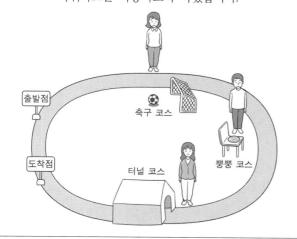

(나)

로봇이 강당에 왔어요.
"여기는 강당이야"
"강당에 있자"

1) ① ㉠의 도구를 이용한(조작적) 운동 유형을 쓰고, ② ㉢의 제자리(비이동) 운동 유형을 쓰시오. [2점]

   ① :

   ② :

2) ① ㉡에 들어갈 교수적 수정의 예를 자료 측면에서 1가지 쓰고, ② ㉣의 걷기와 달리기를 구분하는 기준을 쓰시오. [2점]

   ① :

   ② :

3) (나)에서 홍 교사가 로봇 그림을 사용한 이유를 파워카드 전략에 근거하여 쓰시오. [1점]

15

정답 및 예시답안

○ ㉡은 플립드 러닝이다.
○ ㉢은 교수활동의 수정이고, 대비가 뚜렷해지도록 티볼과 배트의 색깔을 변경한다. 타격 순서 등을 탬버린으로 알린다.
○ ㉣은 개별화교육지원팀이다.

알찬 지문풀이

• 팀의 감독 역할을 할 수 있는 기회를 주시면 좋겠습니다. ➡ 학생에게 '역할 부여'를 하는 것으로서, 교수환경 중 사회적 환경 수정에 해당함

• 경기 시 넓은 공간을 확보하여 이동을 원활하게 해 주면 좋겠어요. ➡ 물리적 환경을 수정하는 것으로 교수환경의 수정에 해당함

• ㉢ '타격' 동작을 가르칠 때, 다른 학생들보다 과제를 더욱 세분화하거나 구체적으로 가르쳐 주세요. ➡ 학생이 해야 하는 동작, 과제를 세분화하고 구체적으로 지도한 것으로 '활동'을 수정한 것에 해당함

• 학년도 시작 후 2주 이내에 구성되고, 학생의 보호자, 특수 교사, 담임 교사, 진로담당 교사 등이 참여하여 실시 ➡ 개별화교육지원팀을 구성하고, 다양한 구성원이 참여하여 개별화교육을 실시한다는 의미

관련이론

✦ **교수활동을 수정하는 방법**

• 구체적 활동으로 수정, 작은 단계로 나누는 것, 과제의 양 조절, 쉽게 또는 구체적으로 수정, 활동 중심적으로 수정 등

고득점 답안 비법 ✗ '개별화교육지원팀'과 같은 법적 용어는 법적으로 사용되는 용어를 정확히 표기해야 함

15

(가)는 ○○중학교에 배치된 특수교육대상 학생에 대한 정보이고, (나)는 체육 교사가 작성한 수업 계획의 일부이다. (다)는 두 교사가 나눈 대화의 일부이다. <작성 방법>에 따라 서술하시오. [4점]

(가) 학생의 정보

학생 A	○ 시각장애 학생 ○ 활발하고 도전정신이 강하고, 급우들과의 관계가 원만함
학생 B	○ 지체장애 학생으로 휠체어를 사용함 ○ 자신감은 부족하지만 급우들과 어울리고 싶어 함

(나) 체육 수업 계획

과목	체육	영역	경쟁	장소	운동장
주제	○ 티볼을 활용한 팀 경기하기				
절차	사전 학습		본 수업		
내용	○ 티볼 경기 영상 시청 ○ 팀 경기 전략 생각하기		○ 팀별 역할 및 전략 토론 ○ 팀 경기 실시		
준비사항	○ 티볼 경기 영상(시각장애인을 위한 화면해설 포함) ○ 티볼 경기 규칙과 기술에 대한 학습지		○ 변형 경기장 조성 및 팀 구성 ○ ㉠ 준비물: 티볼 공, 배트, 탬버린		

(다) 특수 교사와 체육 교사의 대화

특수 교사: 선생님은 전통적 수업이나 혼합수업과 달리 가정에서 사전 학습을 하고 학교에 와서 심도 있게 수업에 참여하는 학습자 중심의 교수 방법을 활용하려 하시네요.

체육 교사: 네. 사전 학습을 통해 개념을 충분히 습득함으로써 본 수업에서는 토론이나 활동 수행 시간 등을 충분히 확보할 수 있지요. 그렇지만 학생이 사전 학습을 수행하지 않으면 본 수업에 차질이 생길 수도 있어 준비가 많이 필요합니다. [㉡]

…(중략)…

체육 교사: 학생 A와 B가 체육 수업에 원활히 참여하기 위해 어떻게 지원하면 좋을까요?

특수 교사: 팀의 감독 역할을 할 수 있는 기회를 주시면 좋겠습니다. 경기 시 넓은 공간을 확보하여 이동을 원활하게 해 주면 좋겠어요. 그리고 ㉢ '타격' 동작을 가르칠 때, 다른 학생들보다 과제를 더욱 세분화하거나 구체적으로 가르쳐 주세요. 더 자세한 사항은 학년도 시작 후 2주 이내에 구성되고, 학생의 보호자, 특수 교사, 담임 교사, 진로담당 교사 등이 참여하여 실시한 (㉣) 협의 결과를 확인하여 지원해 주시면 좋겠습니다.

┌─ 작성방법 ─
• (나)를 참고하여 (다)의 ㉡에 해당하는 교수 방법의 명칭을 쓸 것
• (다)의 밑줄 친 ㉢에 해당하는 교수적 수정의 유형을 쓰고, 학생 A의 수업 참여를 위한 물리적 환경 수정의 예시 1가지를 서술할 것 [단, (나)의 밑줄 친 ㉠을 활용할 것]
• (다)의 괄호 안의 ㉣에 해당하는 명칭을 쓸 것

핵심테마 체크 ✔

핵심테마 체크 ✔

• 교수적 수정 적용의 고려 사항
• 교수적 수정의 유형별 적 용방법

> MY MEMO

16

정답 및 예시답안

③

알찬 지문풀이

• ③ 교육과정 내용을 먼저 수정한 후, 교수 방법의 수정을 고려한다. ➡ 교수적 수정 시 내용보다는 방법의 수정을 먼저 고려해야 한다. 방법의 수정에도 불구하고 학생의 참여가 어려울 경우 내용을 수정해야 한다.

핵심테마 체크 ✔

• 협동학습의 원리
• 중다수준 교육과정과 중첩 교육과정
• 규준참조검사와 준거참조검사
• 보편적 학습설계의 3가지 원리

> MY MEMO

17

정답 및 예시답안

②

알찬 지문풀이

• ㄱ. 학생 A에게 설정된 교육목표는 ~~과학 교과 안에서의 교육목표 위계 개념에 기초하여 작성하였다.~~ ➡ 과학 교과시간에 의사소통기술을 목표로 하므로 교과 내의 위계 개념에 기초(중다수준 교육과정)한 것이 아님. 사례는 다른 영역에 대한 목표를 설정한 중복(중첩) 교육과정에 해당함

• ㄷ. 학생 C에게는 '중첩교육과정'을 적용한 것이다. ➡ 동일한 사회 교과 내에서 수준을 달리한 것이므로 중다수준 교육과정에 해당함

• ㄹ. 수업을 계획하는 과정에서 학생 D에게 적절한 성취 준거를 설정하여 ~~규준참조평가~~를 실시한다. ➡ 개별 학생의 능력, 노력, 성취를 고려한 준거참조평가에 해당함

• ㄴ. 상호의존성 ➡ B가 속한 모둠은 협동학습의 형태로 활동을 하도록 되어 있으며, 상호의존성은 협동학습의 원리 중 하나임

• ㅁ. 다양한 정보 제시 수단의 제공 ➡ 학생 E를 위해 교과서의 내용을 듣게 해 준 것은 학생에게 정보를 제시할 때의 수단을 다양하게 사용한 것에 해당함

관련이론

✦ 협동학습의 원리

원리	내용
긍정적 상호의존	• "네가 잘 돼야, 나도 잘 된다." • "나의 성공이 너의 성공인가?"
개인적 책임	• "내가 맡은 일은 내가 잘 할게." • "각자가 해야 할 공적인 임무가 있는가?"
동등한 참여	• "참여의 기회가 똑같다."
동시 다발적 상호작용	• "같은 시간에 여기저기서" • 동등한 참여를 위해 순차적으로 모두 참여시킨다면 시간이 굉장히 많이 걸릴 것이다. 이것을 해결하는 것이 동시 다발적 상호작용이다.

✦ CAST의 보편적 학습설계 원리

• **표상**: 인지학습을 지원하기 위해, 다양하고 융통성 있는 제시방법 제공
• **행동과 표현**: 전략적 학습을 지원하기 위해, 다양하고 융통성 있는 표현 및 연습방법 제공
• **참여**: 정서적 학습을 지원하기 위해, 다양하고 융통성 있는 참여를 위한 선택권 제공

16

다음은 일반 중학교의 일반학급에 배치된 학습장애학생 A의 특성이다. 학생 A의 효과적인 통합교육을 위해 교수적 수정(교수 적합화)을 할 때 고려할 사항으로 적절하지 않은 것은? [1.5점]

- 수업 중 자주 주의가 흐트러진다.
- 그림을 보고 그리는 데 어려움을 보인다.
- 또래 일반학생들에 비해 필기 속도가 느리다.

---

① 과제를 나누어 제시하는 과제 제시 수정 방법을 고려한다.
② 교사가 판서한 내용을 유인물로 제작하여 학생에게 제공한다.
③ 교육과정 내용을 먼저 수정한 후, 교수 방법의 수정을 고려한다.
④ 지필 고사 시 시험 시간을 연장하는 평가 조정 방법을 고려한다.
⑤ 학습 자료를 제시할 때 주요 내용에 밑줄을 그어주는 등 시각적 단서를 제공한다.

17

다음은 중학교에서 통합교육을 받고 있는 중도·중복장애 학생 A~E를 위해 교사들이 실행한 수업 사례이다. 각각의 사례에 대한 설명으로 옳은 것만을 〈보기〉에서 있는 대로 고른 것은? [2.5점]

- 박 교사: 과학시간에 심장의 구조와 생리를 지도하면서 학생 A에게는 의사소통 기술을 지도하였다.
- 이 교사: '지역의 문화재 알기' 주제로 모둠별 협동학습을 실시하였는데, 학생 B가 속한 모둠은 '문화재 지도 만들기'를 하였다.
- 김 교사: 사회과 수업목표를 지역사회 공공기관에서 일하는 사람들의 역할 익히기에 두고, 학생 C는 지역사회 공공기관 이름 익히기에 두었다.
- 정 교사: 체육시간에 농구공 넣기를 평가하기 위해 학생 D의 능력, 노력, 성취 측면을 고려하여 골대의 높이를 낮춰 수행 빈도를 측정하였다.
- 신 교사: 글을 읽지 못하는 학생 E를 위해 교과서를 텍스트 파일로 변환하고, 화면읽기 프로그램을 실행하여 교과서의 내용을 듣게 하였다.

보기

ㄱ. 학생 A에게 설정된 교육목표는 과학 교과 안에서의 교육목표 위계 개념에 기초하여 작성하였다.
ㄴ. 과제를 하는 동안 학생 B와 모둠 구성원 간에 상호의존성이 작용한다.
ㄷ. 학생 C에게는 '중첩교육과정'을 적용한 것이다.
ㄹ. 수업을 계획하는 과정에서 학생 D에게 적절한 성취 준거를 설정하여 규준참조평가를 실시한다.
ㅁ. 학생 E에게 적용한 보편적 학습설계 원리는 '다양한 정보 제시 수단의 제공'에 해당한다.

① ㄱ, ㄹ   ② ㄴ, ㅁ
③ ㄷ, ㄹ   ④ ㄱ, ㄴ, ㅁ
⑤ ㄴ, ㄷ, ㅁ

(18)

정답 및 예시답안

1) 직접 선택 / 간접 선택
2) 움직임 카드를 보고 카드의 의미에 맞는 움직임을 친구들과 함께 표현한다.
3) 다양한 표현수단의 제공, 다양한 참여수단의 제공

알찬 지문풀이

활동 방법의 ㉢ 중

• 움직임 카드에 따라 약속된 <u>움직임을 표현</u>한다.
- 약속한 움직임대로 낙엽이 <u>움직이는 모습을 표현</u>해 보자.
- 유아는 카드를 보고, 몸짓 또는 손짓으로 낙엽의 움직임을 <u>나타내거나</u> 낙엽 그림 카드를 <u>가리키거나 든다.</u> ➡ 다양한 표현수단

• 카드의 수를 늘려가며 움직임을 연결하여 표현한다.
- <u>도는 것을 좋아하는 현구와 친구들이 함께 낙엽의 움직임을 나타낸다</u>(낙엽이 빙글빙글 돌다가 데굴데굴 굴러 갑니다). ➡ 다양한 참여수단

관련이론

✦ AAC체계의 구성요소

AAC 상징	• 그림상징, 청각적 상징, 제스처사용, 질감 또는 촉감 활용상징 등이 해당 • 도구가 사용되지 않는 형태(수화, 제스처, 얼굴 표정 등)일 수도 있고 도구가 사용되는 형태(실물, 사진, 선화, 철자 등)일 수도 있음
AAC 도구	• 메시지를 주고받기 위해 사용하는 전자적 또는 비전자적 장치 • '장치'라는 용어도 혼용됨
AAC 기법	• 메시지의 전달방법 • 상징의 선택방법, 훑기(scanning) 등
AAC 전략	• 메시지를 가장 효과적이고 효율적으로 전달할 수 있는 방식 • 목적: 메시지의 타이밍 향상, 메시지의 문법적 구성 돕기, 의사소통 속도의 강화

✦ 보편적 학습설계의 3가지 원리

• 표상: 인지학습을 지원하기 위해, 다양하고 융통성 있는 제시방법 제공
• 행동과 표현: 전략적 학습을 지원하기 위해, 다양하고 융통성 있는 표현 및 연습방법 제공
• 참여: 정서적 학습을 지원하기 위해, 다양하고 융통성 있는 참여를 위한 선택권 제공

고득점 답안 비법 ✗ 2)문항 답안작성 시: 시각적 단서에서 정보를 얻고, 선호하는 활동과 친구에 대해 관심을 보이는 현구의 특성, 그리고 '활동에 참여하여 또래와 상호작용하기'라는 단기목표를 반영하여 목표를 서술해야 함

18 |
2014. 유

(가)는 장애 유아의 특성 및 단기목표이고, (나)는 유아특수교사와 유아교사가 응용특수공학센터(Center for Applied Special Technology ; CAST)에서 제안한 보편적 학습설계 원리를 적용하여 작성한 병설유치원 통합학급 5세반 활동 계획안의 일부이다. 물음에 답하시오. [5점]

(가) 장애 유아의 특성 및 단기목표

유아	장애 유형	특성	단기목표
혜지	중도 · 중복 장애	• 뇌성마비로 인해 왼쪽하지마비가 심하다. • ⊙AAC 체계를 사용하여 10개 이내의 어휘로 자신의 생각과 요구 등을 표현한다.	(생략)
현구	자폐성 장애	• 주로 시각적 단서로 정보를 얻는다. • 선호하는 활동 및 친구에 대해서만 관심을 보이고 빙빙 도는 행동을 자주 한다.	• 활동에 참여하여 또래와 상호작용하기

(나) 활동계획안

활동명	낙엽이 춤춰요	활동형태	대집단활동
활동목표	• 낙엽의 다양한 움직임을 알고 신체로 표현한다. • ⓒ신체표현 활동을 즐기고 적극적으로 참여한다.		
활동자료	움직이는 낙엽의 모습이 담긴 동영상, PPT 자료, 움직임 카드 4장, 낙엽 그림 카드 4장		

활동방법
• 낙엽의 움직임이 담긴 동영상을 감상한다. －낙엽이 어떻게 움직이고 있나요? －수업내용의 이해를 돕기 위해 낙엽 한 장의 움직임을 강조한 동영상 자료를 제시한다. • 활동을 소개하고 움직임 그림 카드를 살펴본다. －어떤 그림이 있죠? 어떻게 움직이면 좋을까? • 움직임 카드에 따라 약속된 움직임을 표현한다. －약속한 움직임대로 낙엽이 움직이는 모습을 표현해 보자. －유아는 카드를 보고, 몸짓 또는 손짓으로 낙엽의 움직임을 나타내거나 낙엽 그림 카드를 가리키거나 든다.

| 누웠습니다. | 우수수 떨어집니다. | 빙글빙글 돕니다. | 데굴데굴 굴러갑니다. |

• 카드의 수를 늘려가며 움직임을 연결하여 표현한다. ⓒ
－모둠별로 움직여 보자(파랑 모둠 : 현구, 노랑 모둠 : 혜지 포함).
－카드 2장을 보고 연결해서 낙엽처럼 움직여 보자.
－도는 것을 좋아하는 현구와 친구들이 함께 낙엽의 움직임을 나타낸다(예 : 낙엽이 빙글빙글 돌다가 데굴데굴 굴러 갑니다).

• 활동에 대한 생각과 느낌을 말이나 AAC를 사용해서 표현한다.

1) (가)의 ⊙ AAC 체계의 구성요소 중 기법(선택기법) 2가지를 쓰시오. [2점]

• 기법 1 :

• 기법 2 :

2) (가)에 제시된 현구의 특성 및 단기목표와 (나)의 활동방법 ⓒ을 고려하여 활동목표 ⓒ을 수정하여 쓰시오. [1점]

• 수정된 활동목표 :

3) (나)의 활동계획안 ⓒ에 적용된 보편적 학습설계 원리 2가지를 쓰시오. [2점]

• 평가조정 전략

MY MEMO

19

정답 및 예시답안

㉠ .평가자료, ㉡ 응답방법

문제 속 자료분석

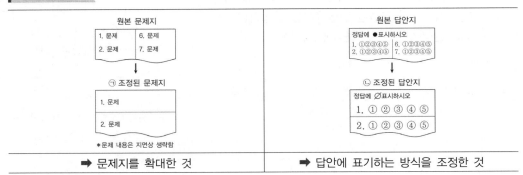

원본 문제지	원본 답안지
1. 문제 6. 문제 2. 문제 7. 문제	정답에 ●표시하시오 1. ①②③④⑤ 6. ①②③④⑤ 2. ①②③④⑤ 7. ①②③④⑤
↓	↓
㉠ 조정된 문제지 1. 문제 2. 문제 ＊문제 내용은 지면상 생략함	㉡ 조정된 답안지 정답에 ∅표시하시오 1. ① ② ③ ④ ⑤ 2. ① ② ③ ④ ⑤
➡ 문제지를 확대한 것	➡ 답안에 표기하는 방식을 조정한 것

관련이론

✦ 평가조정 전략

의미	• 장애학생을 위한 평가조정은 평가의 본질을 바꾸지 않고 학생이 표준평가에 참여하도록 평가자료나 절차를 변경하는 것		
유형	**구분**	**영역**	**조정 방법**
	평가환경	평가공간	독립된 방 제공
		평가시간	시간 연장, 회기 연장, 휴식시간 변경
	평가도구	평가자료	시험지의 확대, 점역, 녹음
		보조인력	수화통역사, 대필자, 점역사, 속기사 제공
	평가방법	제시방법	지시 해석해 주기, 소리 내어 읽어주기, 핵심어 제공하기
		응답방법	손으로 답 지적하기, 보기 이용하기, 구술하기, 수화로 답하기, 시험지에 답 쓰기

20

• 팀 모델

MY MEMO

정답 및 예시답안

⑤

알찬 지문풀이

• 특수교사, 언어재활사(치료사), 부모는 학생 A의 의사표현이 가장 활발히 나타나는 사회 시간에 함께 모여 학생 A의 활동을 관찰하면서 언어평가를 실시하였다. ➡ 원형 평가

• 평가 후에 특수교사, 언어재활사, 부모는 평가 결과를 바탕으로 장·단기 목표 및 지원 방법에 대해 함께 논의하였다. ➡ 초학문적 접근

• 언어중재는 한 학기 동안 특수교사가 혼자 맡아서 교실에서 실시하기로 하였다. ➡ 특수교사가 주 책임자의 역할을 맡음

• 정기적인 모임을 통해 언어재활사는 특수교사가 지도할 때에 필요한 구체적인 언어중재 전략에 관한 정보를 제공하기로 하였고, 부모는 가정에서의 언어능력 향상 정도를 특수교사에게 알려 주기로 하였다. ➡ 역할양도

관련이론

✦ role release : 역할양도, 역할방출, 역할이완

• **역할양도:** 한 분야에 전통적으로 관련된 정보와 기술들을 다른 분야들에 있는 팀의 구성원들에게 전이하는 한 과정. 초학문적 접근의 근간이 되는 개념. 협력적 팀워크를 위해 결정적으로 중요한 개념으로서, 팀 구성원들이 이제까지 자신들의 평범한 역할들에서 벗어나 다른 팀 구성원들을 자문하는 입장이 되거나 혹은 다른 팀 구성원들에게 배우는 입장이 되는 것을 의미

19

다음의 (가)는 통합학급에 입급된 특수교육대상학생 A의 특성이고, (나)는 (가)를 바탕으로 학생 A가 정규 평가에 참여할 수 있도록 특수교사가 평가를 조정한 예이다. 평가 조정(test accommodation) 유형 중 (나)의 ㉠과 ㉡에 해당하는 평가 조정 유형을 각각 쓰시오. [2점]

(가) 학생 A의 특성

- 한꺼번에 많은 정보가 주어졌을 때, 정보에 주의를 기울이는 데 어려움이 있음
- 소근육에 문제가 있어 작은 공간에 답을 표시하는 데 어려움이 있음

(나) 학생 A를 위한 평가 조정의 예

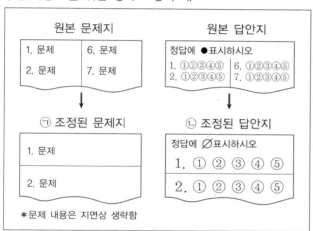

20

다음은 정신지체학생 A의 언어 지원을 위한 협력적 접근 사례이다. 사례에서 나타나는 협력적 접근 모델 및 방법만을 <보기>에서 있는 대로 고른 것은?

특수교사, 언어재활사(치료사), 부모는 학생 A의 의사표현이 가장 활발히 나타나는 사회 시간에 함께 모여 학생 A의 활동을 관찰하면서 언어평가를 실시하였다. 평가 후에 특수교사, 언어재활사, 부모는 평가 결과를 바탕으로 장·단기 목표 및 지원 방법에 대해 함께 논의하였다. 언어중재는 한 학기 동안 특수교사가 혼자 맡아서 교실에서 실시하기로 하였다. 정기적인 모임을 통해 언어재활사는 특수교사가 지도할 때에 필요한 구체적인 언어중재 전략에 관한 정보를 제공하기로 하였고, 부모는 가정에서의 언어능력 향상 정도를 특수교사에게 알려 주기로 하였다.

┌ 보기 ┐
ㄱ. 팀 교수(team teaching)
ㄴ. 역할 양도(role release)
ㄷ. 원형 평가(arena assessment)
ㄹ. 간학문 접근(inter-disciplinary approach)
ㅁ. 초학문 접근(trans-disciplinary approach)

① ㄴ, ㅁ   ② ㄷ, ㄹ
③ ㄱ, ㄴ, ㅁ   ④ ㄱ, ㄷ, ㄹ
⑤ ㄴ, ㄷ, ㅁ

㉑

정답 및 예시답안

④

알찬 지문풀이

• ㄱ. 심화학습 기회를 제공한다. ➡ 대안교수

• ㅁ. 모델링과 역할놀이 기술을 필요로 한다. ➡ 팀티칭

• ㅂ. 결석한 학생에게 보충학습 기회를 제공한다. ➡ 대안교수

관련이론

✦ 스테이션 교수

장점	• 능동적인 학습 형태를 제시 • 소그룹 수업을 통해 주의집중 증가 • 협동과 독립성 증진 • 학생들의 반응 증가 • 전략적으로 집단 구성 • 장애학생이 소집단에서 학습할 때 효율적 • 두 교사가 모든 아동들을 가르치는 기회가 주어지기 때문에 동일한 지위를 가질 수 있음 • 교사들의 교수 스타일이 다르더라도 효과적인 교수가 이루어질 수 있음 • 교사 대 아동의 비율이 낮아 아동들이 활동에 보다 적극적으로 참여하고 교사로부터 관심과 피드백을 받을 기회가 증가
단점	• 많은 계획과 준비가 필요 • 교실이 시끄러워짐 • 집단으로 일하는 기술과 독립적인 학습기술이 필요 • 감독하기 어려움
효과	• 여러 형태의 실제 활동이 있는 수업에 적합 • 학생들 간의 모둠활동을 통한 사회적 상호작용 기회의 증가 • 소집단 학습 가능 • 독립적 학습의 기회 제공(모둠에서 독립학습 장소를 제공하는 경우) • 교사와 학생의 비율이 낮음

㉒

정답 및 예시답안

③

알찬 지문풀이

• ㄱ. (가)는 교사들이 역할을 분담하므로 교수내용 및 자료를 공유하기가 어렵다. ➡ 자료 및 정보를 공유하기 좋음

• ㄹ. (나)에서 교사는 학생들의 학습 수준을 고려하여 모둠을 동질적으로 구성한다. ➡ 이질적으로 모둠 구성

• ㅂ. (다)는 학생들의 학습 수행에 대한 자료를 수집하거나 적절한 도움을 주는 데 어려움이 있다.

문제 속 자료분석

• (가) 팀티칭
• (나) 평행교수
• (다) 교수-보조

21 | 2009. 중

다음의 대화 내용을 읽고 두 교사가 선택한 협력교수 유형의 특징을 〈보기〉에서 모두 고른 것은? [2.5점]

> 일반교사: 이번 국사시간은 '우리나라 유적지' 단원을 배울 차례인데, 수업을 어떻게 할까요?
>
> 특수교사: 지난 시간에는 소집단으로 모둠별 수업을 했으니까 이번 시간에는 프로젝트 중심 수업이 좋을 것 같은데요.
>
> 일반교사: 좋아요. 그럼 주제별로 하고 학습영역은 몇 개로 나눌까요?
>
> 특수교사: 학습영역은 3개로 나누는 게 좋을 것 같아요. 첫째 영역은 선생님이 맡고 두 번째는 제가 맡을게요. 세 번째 영역은 학생들끼리 신문 기사를 읽고 독립 운동가 후손들의 삶에 대해 토론하도록 해요.
>
> 일반교사: 그래요. 선생님은 우리나라 시대별 유적지에 대한 내용을 맡고, 제가 시대별 사상들에 대한 내용을 가르칠게요.
>
> 특수교사: 각 영역별로 학생들이 15분씩 돌아가면서 학습을 하면 되겠네요.

―［ 보기 ］―
ㄱ. 심화학습 기회를 제공한다.
ㄴ. 전략적으로 집단을 구성한다.
ㄷ. 학생들의 반응을 증가시킨다.
ㄹ. 능동적인 학습 형태를 제시한다.
ㅁ. 모델링과 역할놀이 기술을 필요로 한다.
ㅂ. 결석한 학생에게 보충학습 기회를 제공한다.
ㅅ. 집단으로 활동하는 기술과 독립적인 학습 기술이 필요하다.

① ㄱ, ㄴ, ㅁ
② ㄱ, ㄹ, ㅁ
③ ㄴ, ㄷ, ㄹ, ㅁ
④ ㄴ, ㄷ, ㄹ, ㅅ
⑤ ㄷ, ㄹ, ㅁ, ㅂ, ㅅ

22 | 2010. 중

다음은 중학교 통합학급에서 특수교사와 일반교사가 협력하여 체육수업을 실시하기 위해 작성한 협의안의 일부이다. (가)~(다)에 대한 설명으로 옳은 것을 〈보기〉에서 고른 것은? [2.5점]

학습 단계	학습 과정	교수·학습활동	활동 시 유의점	협력 교수 모형
전 개	자연을 신체로 표현하기	• 교사의 시범에 따라 신체를 이용하여 자연물(나무, 꽃 등) 표현하기 －교사 A는 시범을 보이고, 교사 B는 교사 A의 교수 활동을 명료화한다. • 교사의 시범에 따라 신체를 이용하여 자연현상(소나기, 천둥 등) 표현하기 －교사 B는 시범을 보이고, 교사 A는 교사 B의 교수 활동을 명료화한다.		(가)
	신체 표현 작품 만들기	• 모둠별로 창작한 동작을 연결하여 작품 만들기 －교사는 각자 맡은 모둠에서 교수하고 학생 활동을 지원한다.	학생은 두 모둠으로 구성	(나)
	신체 표현 작품 발표하기	• 모둠별로 작품 발표와 감상 소감 발표하기 －교사 A는 전체 활동을 진행한다. －교사 B는 학생들을 개별적으로 지원한다.	한 모둠이 발표하는 동안 다른 모둠은 감상	(다)

―［ 보기 ］―
ㄱ. (가)는 교사들이 역할을 분담하므로 교수내용 및 자료를 공유하기가 어렵다.
ㄴ. (가)에서 교사 간 상호작용은 학생들에게 학습활동이나 사회적 상황에서 수행할 행동의 중요한 본보기가 된다.
ㄷ. (나)는 전체 학급 활동에 비해 학생들의 반응을 이끌어 내는 데 효과적이다.
ㄹ. (나)에서 교사는 학생들의 학습 수준을 고려하여 모둠을 동질적으로 구성한다.
ㅁ. (다)에서는 교과 및 수업내용에 관한 전문성을 고려하여 교사의 역할을 정할 수 있다.
ㅂ. (다)는 학생들의 학습 수행에 대한 자료를 수집하거나 적절한 도움을 주는 데 어려움이 있다.

① ㄱ, ㄷ, ㅁ
② ㄱ, ㄹ, ㅂ
③ ㄴ, ㄷ, ㅁ
④ ㄴ, ㄷ, ㅂ
⑤ ㄴ, ㄹ, ㅁ

(23)

정답 및 예시답안

③

알찬 지문풀이

• ① ㉠은 스테이션 교수를 위한 좌석 배치이다. ➡ 스테이션은 모둠별로 이동하며 활동하는 것이므로 적절하지 않음

• ② ㉡에서 은지에게 적용한 전략은 자기교수이다. ➡ 행동계약

• ④ ㉣은 기능적 기술 습득을 위한 교수목표 적합화이다. ➡ 〈보기〉는 일반수업의 목표와 차별화되지 않음. 기능적 기술 습득이므로 실제 지역사회(은지가 살아가는) 환경을 고려한 목표가 설정되어야 함

• ⑤ ㉤은 프로젝트 수업을 위한 협력교수이다. ➡ 또래교수의 유형

관련이론

✦ 자기교수

• 행동을 시작 또는 안내하거나 억제하기 위해 언어적 단서를 사용하는 과정이다.
• 어려운 과제를 수행하는 것을 안내하기 위해, 싫어하는 과제를 시작할 수 있도록 자신을 동기부여 시키기 위해, 또는 분노 및 좌절을 조절하기 위해 자기교수를 사용한다.
• 대부분의 경우 조용히 내어를 사용하여 자기교수를 한다. 이를 내재적 자기교수라 한다.
• 때로는 특히 어려운 과제를 할 때 크게 말을 하면서 자기교수를 한다. 이는 외현적 자기교수이다.

✦ 준거참조-교육과정중심평가(CR-CBA)의 절차

① 측정할 기술 확인
② 목표설정
③ 문항 제작
④ 수행 기준 결정
⑤ 검사 실시 / 자료해석

(24)

정답 및 예시답안

③

알찬 지문풀이

• ㄱ. ㉠: 실험목표는 기체가 부피가 있음을 알아보는 것이다. ➡ 무게

• ㅁ. ㉤: 강 교사는 정수에게 실험절차를 기억하게 하기 위하여 ~~언어적 정교화~~ 전략을 사용하려고 한다. ➡ 문자 전략 중 두문자어 전략에 해당

23 | 2011. 초

다음은 학습장애 학생 은지를 통합학급 사회시간에 참여시키기 위하여 특수학급 교사와 통합학급 교사가 협력하여 작성한 통합교육 계획표와 교수·학습과정안의 일부이다. ㉠~㉤에 대한 바른 설명은?

〈통합교육 계획표〉

좌석 배치	• ㉠은지의 좌석을 앞에 배치하여 특수교사가 효율적으로 지도할 수 있도록 한다.	
학습 참여	또래	은지
	• 은지에게 지시사항을 알려 준다. • 은지의 과제수행을 도와준다.	• ㉡참여 전략 −교사와 행동계약서를 작성한다. −교사가 제시한 과제를 완성한다. −계약에 따라 과제를 완성하면 강화를 받는다.
평가 계획	• ㉢교육과정 분석 → 측정할 기술 확인 → 목표 설정 → 문항 제작 → 은지의 수행 기준 결정 → 검사 실시 및 자료 해석	

〈교수·학습과정안〉

단원	여러 지역의 생활			
제재	도시와 촌락의 생활모습			
일반 수업		은지를 위한 교수 적합화(교수적 수정)		
목표	학습 활동	목표	학습 활동	교수·학습 자료
도시와 촌락 생활모습의 특징을 비교하여 설명할 수 있다.	• 도시와 촌락 생활모습의 특징을 조사하여 발표하기	㉣도시와 촌락의 생활모습을 구별할 수 있다.	• 도시와 촌락 생활모습 사진구별하기 • ㉤짝의 도움을 받아 과제 수행하기	도시와 촌락의 사진이나 그림

① ㉠은 스테이션 교수를 위한 좌석 배치이다.
② ㉡에서 은지에게 적용한 전략은 자기교수이다.
③ ㉢의 평가 유형은 준거참조-교육과정중심사정(CR-CBA)이다.
④ ㉣은 기능적 기술 습득을 위한 교수목표 적합화이다.
⑤ ㉤은 프로젝트 수업을 위한 협력교수이다.

24 | 2011. 초

다음은 통합학급을 담당하는 최 교사와 특수학급을 담당하는 강 교사가 손 기능이 자유롭지 못한 지체장애 학생 정수에게 2007년 개정 초등학교 교육과정 과학과 3학년 교과서 '액체와 기체의 부피' 단원을 지도하기 위한 실험 계획서의 일부이다. 이에 대한 설명으로 적절한 것을 〈보기〉에서 고른 것은?

실험 목표 : ㉠ : _____

실험 활동	교수 적합화 (교수적 수정)
• 전자저울 사용법 알려주기 • 실험 절차 −수평계를 이용하여 전자저울의 수평을 맞춘다. −전자저울의 전원을 켠다. −영점 단추를 눌러 영점을 맞춘다. −공기를 뺀 물렁한 공을 전자저울에 올려놓고 무게를 잰다. 예 : 205.4g ※ ㉡공의 형태를 둥글게 유지한다. −팽팽한 공을 전자저울에 올려놓고 무게를 잰다. 예 : 205.9g ※ 다른 물질이 공에 붙지 않도록 한다. −공기를 넣기 전과 넣은 후의 공의 무게를 비교한다. • 실험 결과 확인하기 • 심화 학습 : 새로운 문제 발견 −㉢일상생활에서 작용하고 있는 현상 알려주기 • 정리 및 평가	• ㉣최 교사가 학급 학생들에게 실험 절차를 지도하는 동안, 강 교사는 정수에게 실험 절차를 개별적으로 설명해 준다. • 정수의 손 기능을 고려하여 실험 절차 중 전자저울을 누르는 활동을 하게 한다. • ㉤강 교사는 정수에게 '수전영공팽공'이라고 실험 절차를 기억하도록 한다.

┌보기┐
ㄱ. ㉠: 실험목표는 기체가 부피가 있음을 알아보는 것이다.
ㄴ. ㉡: 물렁한 공 속의 공기가 차지하는 공간과 팽팽한 공 속의 공기가 차지하는 공간을 같게 하려고 한 것이다.
ㄷ. ㉢: 두 교사는 일상생활에서 경험할 수 있는 현상의 예로 '기압'을 설명하려고 한다.
ㄹ. ㉣: 두 교사는 협력교수 중 교수-보조(one teaching-one assisting)형태를 사용하여 실험을 실시하려고 한다.
ㅁ. ㉤: 강 교사는 정수에게 실험절차를 기억하게 하기 위하여 언어적 정교화 전략을 사용하려고 한다.

① ㄱ, ㄴ, ㄷ ② ㄱ, ㄷ, ㄹ ③ ㄴ, ㄷ, ㄹ
④ ㄴ, ㄷ, ㅁ ⑤ ㄷ, ㄹ, ㅁ

25

정답 및 예시답안

③

알찬 지문풀이

• (가) 유 교사: 이번 장애이해교육의 주제는 '장애인에 대한 에티켓'이에요. 먼저 제가 청각장애인에 대해 설명하면 선생님께서 시범을 보이시고, 선생님께서 지체장애인에 대해 설명하시면 제가 시범을 보일게요. 시각장애인과 정신지체인의 경우도 마찬가지 방법으로 번갈아 가면서 하고요.
➡ 두 교사가 전체를 대상으로 역할을 공유하여 지도하므로 **팀교수**

• (나) 최 교사: 그러지요. 그런 다음 두 집단으로 모둠을 나누어 선생님과 제가 각각 한 모둠씩 맡아서 같은 내용으로 학생들이 역할 놀이를 통해 장애인에 대한 에티켓을 연습해 볼 수 있도록 지도하지요. ➡ 두 교사가 각 모둠에게 같은 내용을 지도하므로 **평행교수**

• (다) 유 교사: 좋은 생각이네요. 모둠별 학습이 끝나면 선생님께서 마무리 평가를 진행해 주세요. 저는 그동안 정신지체 학생인 경수도 평가에 참여할 수 있도록 경수 옆에서 개별적으로 도울게요.
➡ 한 교사는 평가를 진행하고, 한 교사는 개별 학생을 지원하므로 **교수-지원**

26

정답 및 예시답안

②

알찬 지문풀이

• 특수교사는 교과 담당 교사들로 구성된 협력적 팀원들에게 A의 교수계획을 설명하고, 수업활동 시 지도할 수 있도록 구체적인 교수전략을 안내하였다. 특히 특수교사는 A를 지도할 수 있도록 자신이 알고 있는 전문적 지식, 정보 및 전략을 각 팀원들에게 자문하였다. ➡ **역할양도(역할방출)**의 개념에 해당

• ① 비계설정(scaffolding) ➡ 근접발달영역에서 적절한 지원을 제공하는 것

• ③ 책무성(accountability) ➡ 협력적 활동에서의 책임을 의미

• ④ 역량강화(empowerment) ➡ 개인 또는 가족·지역사회와 같은 집단이 정치·사회·경제적 환경의 차원에서 강점을 향상시키고, 스스로 의사결정하고 선택하는 환경으로 재구성할 수 있도록 돕는 과정. 특히 전통적으로 차별, 소외, 거부, 배제, 억압을 받아 왔던 장애인·노인 등의 소외계층에 대한 사회복지와 장애인복지 서비스의 모형으로 제시되고 있음

27

정답 및 예시답안

②

관련이론

✦ **조정 / 자문 / 팀 접근**

활동	내용
조정	• 협력의 가장 단순한 형태 • 계획된 시간에 체계적인 방법으로 서비스가 제공되는지를 점검하기 위해 구성원들이 지속적으로 대화하고 협력한다.
자문	• 각 구성원들은 정보와 전문지식을 주고받는다.
팀 접근	• 각 구성원이 자신의 장점을 바탕으로 동등한 입장에서 상호적으로 정보를 교환하여 협력하는 것이다.

25 | 2012. 유 · 초

다음은 특수학급 유 교사와 일반학급 최 교사가 협력하여 장애이해교육을 실시하기 위해 나눈 대화이다. 두 교사가 계획하는 협력교수(co-teaching)의 형태를 바르게 짝지은 것은?

> (가) 유 교사: 이번 장애이해교육의 주제는 '장애인에 대한 에티켓'이에요. 먼저 제가 청각장애인에 대해 설명하면 선생님께서 시범을 보이시고, 선생님께서 지체장애인에 대해 설명하시면 제가 시범을 보일게요. 시각장애인과 정신지체인의 경우도 마찬가지 방법으로 번갈아 가면서 하고요.
>
> (나) 최 교사: 그러지요. 그런 다음 두 집단으로 모둠을 나누어 선생님과 제가 각각 한 모둠씩 맡아서 같은 내용으로 학생들이 역할 놀이를 통해 장애인에 대한 에티켓을 연습해 볼 수 있도록 지도하지요.
>
> (다) 유 교사: 좋은 생각이네요. 모둠별 학습이 끝나면 선생님께서 마무리 평가를 진행해 주세요. 저는 그동안 정신지체 학생인 경수도 평가에 참여할 수 있도록 경수 옆에서 개별적으로 도울게요.

	(가)	(나)	(다)
①	팀교수	평행교수	대안교수
②	팀교수	스테이션 교수	대안교수
③	팀교수	평행교수	교수-지원
④	평행교수	스테이션 교수	대안교수
⑤	평행교수	팀교수	교수-지원

26 | 2009. 중

다음은 통합교육 상황에서 교사 간 협력적 접근 방법을 적용한 예이다. 초학문적 접근의 근간이 되는 개념으로서 밑줄 친 부분이 의미하는 것을 가장 적절하게 표현한 것은?

> 경도 정신지체 중학생 A는 친구들과 대화하거나 학습할 때 급우의 신체를 부적절하게 접촉한다. 특수교사는 통합학급에서 A의 부적절한 사회적 관계 유형을 분석하고, 바람직한 대인관계 형성을 위한 교수계획을 수립하였다. 특수교사는 교과 담당 교사들로 구성된 협력적 팀원들에게 A의 교수계획을 설명하고, 수업활동 시 지도할 수 있도록 구체적인 교수전략을 안내하였다. 특히 특수교사는 A를 지도할 수 있도록 자신이 알고 있는 전문적 지식, 정보 및 전략을 각 팀원들에게 자문하였다.

① 비계설정(scaffolding)
② 역할양도(role release)
③ 책무성(accountability)
④ 역량강화(empowerment)
⑤ 사회적 지원망(social support networks)

27 | 2010. 유

다음은 B초등학교 병설유치원 특수학급의 강 교사와 일반학급의 민 교사가 언어 생활 영역 중 '정확하게 발음해 보기'의 지도를 위해 나눈 대화이다. 대화 내용에 해당하는 협력 방법으로 가장 적절한 것은?

> 강 교사: 은주는 인공와우를 했지만 어릴 때부터 언어 훈련을 잘 받았다고 들었는데, 잘 지내고 있나요?
>
> 민 교사: 네. 청각장애가 있다고 생각되지 않을 정도로 은주는 학습을 잘 하고 있어요. 그런데 초성 /ㄷ/ 발음을 약간 /ㅈ/처럼 발음하는 문제가 있는 것 같아요. 조금만 신경 써서 연습하면 금방 좋아질 것 같은데요.
>
> 강 교사: 선생님, 잘 관찰하셨어요.
>
> 민 교사: 제가 '말하기' 영역 수업 중에 이 문제에 대한 언어 지도를 구체적으로 하고 싶은데 어떻게 하면 될까요?
>
> 강 교사: 네, /ㄷ/발음은 앞 윗니 안쪽에 혀 끝 부분이 닿았다가 떨어지면서 나는 소리거든요. 그러니까 쌀과자 조각을 앞 윗니 안쪽에 붙이고 혀 끝 부분이 그 조각에 닿도록 놀이하면서 발음하게 해 보세요. 거울을 보면서 연습시키면 더 좋고요.
>
> 민 교사: 네, 그렇게 해 볼게요.

① 조정(coordination)
② 자문(consultation)
③ 순회(itinerant) 교육
④ 스테이션(station) 교수
⑤ 팀 티칭(team teaching)

(28)

정답 및 예시답안

1) 활동중심 삽입교수
2) • **협력교수 유형**: 대안교수
   • **문제점**: 분리된 학습환경을 조성할 수 있다.
3) 포트폴리오

알찬 지문풀이

• 통합학급의 활동에 나리의 개별화교육목표에 따른 활동을 사이사이에 삽입한 계획 ➡ 삽입교수

• 대집단을 대상으로 유아교사가 수업을 하고 소집단을 대상으로 유아특수교사가 수업을 진행함
  ➡ 대안교수

• 유아특수교사는 하루 일과 내 계획된 활동이 끝나면 활동에서 산출된 모든 작업샘플들(사진, 일화
  기록 등)을 분석한 후 나리의 발달영역과 IEP 목적 및 목표에 따라 분류하여 각각의 서류파일 안에
  넣어 저장하였다. 수집한 자료는 정기적인 회의에서 유아의 진도를 점검하는 자료로 사용하였다.
  ➡ 포트폴리오

관련이론

✦ 활동중심 삽입교수

의미	• 목표기술을 자연스러운 일과활동 내에서 수행할 수 있도록 활동 속에 삽입하는 것을 말하며, 학생의 수행 정도에 따라 연습시수를 정하여 일과 내에 분산하여 시도할 수 있도록 계획됨
장점	• 학생이 소속된 학급 운영과 활동 진행에 큰 변화를 요구하지 않음 • 학생을 별도로 분리해서 교육할 필요 없이 일반적인 학급 운영의 틀 내에서 교수할 수 있음 • 학급 내 자연적인 환경에서 교수가 일어나기 때문에 새로 습득한 기술의 즉각적이고 기능적인 사용능력을 증진시킬 수 있음 • 학생의 하루 일과 및 활동 전반에 걸쳐 삽입학습기회가 체계적으로 제공됨으로써 새롭게 학습한 기술의 사용능력이 다양한 상황으로 일반화될 수 있음

	단계	활동
실행 단계	1단계 교수목표 점검 및 수정	• 개별화교육계획의 교수목표 검토 • 일과 및 활동의 활동목표 검토
	2단계 학습기회 구성	• 일과 및 활동 분석을 통한 학습기회 판별 • 삽입교수를 위한 일과 및 활동 선정
	3단계 삽입교수 계획	• 삽입교수를 위한 교수전략 및 실행계획
	4단계 삽입교수 실행	• 활동의 진행 중 삽입교수 실행 • 삽입교수의 중재 충실도 점검
	5단계 삽입교수 평가	• 학생의 진도에 대한 정기적인 점검 • 자료기반의 프로그램 평가

✦ 포트폴리오

• 포트폴리오 평가방법은 아동과 교사가 선택한 아동의 작업이나 작품의 수집에 의존하는 방법
• 특수아동평가 단계에서 프로그램 계획, 형성평가, 총괄평가에서 유익한 정보를 제공
• 포트폴리오는 한 번의 검사 상황보다는 오히려 학생의 행동을 계속해서 수정하는 표본을 포함
• 포트폴리오사정은 다양한 절차와 다양한 자극과 반응조건하에서 생성된 자료를 적용
• 포트폴리오사정은 자연적 또는 실제적인 맥락에서 정기적으로 수행되는 과제를 표집하는 경향이 있음

28 | 2014. 유

다음은 5세 유치원 통합학급에서 유아특수교사와 유아교사가 쿡과 프렌드(L. Cook & M. Friend)의 협력교수 유형을 적용하여 작성한 활동계획안의 일부이다. 물음에 답하시오. [4점]

- 대집단 – 일반 유아 21명
- 소집단 – 발달지체 유아(나리)/일반 유아(서영, 우재, 민기)

소주제	우리 동네 사람들이 하는 일	활동명	일하는 모습을 따라해 봐요.
활동목표	• 다양한 직업에 대해 관심을 갖는다. • 직업의 특징을 몸으로 표현한다.		
활동자료	다양한 직업(버스기사, 교통경찰, 미용사, 요리사, 화가, 발레리나, 의사, 사진기자, 택배기사, 축구선수)을 가진 사람들의 모습이 담긴 사진 10장		
㉠ 나리의 IEP 목표 (의사소통)	• 교사의 질문에 사물을 손가락으로 가리킬 수 있다. • 자신의 느낌과 생각을 손짓이나 몸짓으로 표현할 수 있다.		

교수 · 학습 활동내용

○ 대집단 – 유아교사	• 소집단 – 유아특수교사
○다양한 직업의 모습이 담긴 사진을 보면서 이야기 나누기 –다양한 직업의 특징을 말하기 ○직업을 신체로 표현하는 방법에 대해서 이야기 나누기 –이 사람은 무엇을 하고 있니? –이 사람은 일을 할 때 어떻게 움직이고 있니? ○직업을 다양하게 몸으로 표현하고 알아맞히기 –사진 속 직업을 몸으로 표현해 보자. ○직업을 가진 사람들의 움직임을 창의적인 방법으로 표현해 보기 –또 다른 방법으로 표현해 볼 수 있을까?	• 유아가 자주 접하는 직업의 모습(동작)이 담긴 5장의 사진을 보면서 이야기 나누기 –㉡사진(의사, 버스기사, 요리사)을 보여주면서 "맛있는 음식을 만드는 사람은 누구니?" –㉢사진(축구선수, 미용사)을 보여주면서 "축구공은 어디 있니?" –"요리사는 음식을 만들 때 어떻게 움직이고 있니?" • 유아가 자주 접하는 직업의 모습(동작)이 담긴 사진을 보면서 손짓이나 몸짓으로 표현하기 –(교통경찰 사진을 보며) "손을 어떻게 움직이고 있니?"

활동평가		평가방법
○	• 다양한 직업에 대해 관심을 갖고 있는가? • 직업의 특징을 다양하게 몸으로 표현할 수 있는가?	• 관찰 • (㉣)
● (나리)	직업의 특징을 손짓이나 몸짓으로 표현할 수 있는가?	

1) 유아특수교사는 ㉠을 포함하여 ㉡과 ㉢의 교수활동을 계획하였다. 이에 해당하는 교수법을 쓰시오. [1점]

- 교수법 :

2) 위 활동계획안에서 적용하고 있는 협력교수 유형을 쓰고, 이 협력교수를 실행할 때 나타나는 문제점 1가지를 쓰시오. [2점]

- 협력교수 유형 :

- 문제점 :

3) 유아특수교사는 수행평가 방법의 하나인 ㉣을 다음과 같이 실시하였다. ㉣에 들어갈 말을 쓰시오. [1점]

> 유아특수교사는 하루 일과 내 계획된 활동이 끝나면 활동에서 산출된 모든 작업샘플들(사진, 일화기록 등)을 분석한 후 나리의 발달영역과 IEP 목적 및 목표에 따라 분류하여 각각의 서류파일 안에 넣어 저장하였다. 수집한 자료는 정기적인 회의에서 유아의 진도를 점검하는 자료로 사용하였다.

핵심테마 체크 ✔

• 협력교수

MY MEMO

29

정답 및 예시답안

1) 유치원 교육과정
2) 유치원 교육과정
3) ① 평행교수
   ② 교사의 수업 역량에 따라 각 집단이 동일한 수준의 내용을 성취하기 어려울 수 있다.

알찬 지문풀이

• 유아들의 참여도를 높이기 위해 반 전체를 10명씩 두 모둠으로 나누어 '송편 만들기' 수업을 동시에 진행하였다. ➡ 전체를 두 모둠으로 나누고 두 교사가 동일한 내용을 지도함

• ⓒ 동료 교사들의 수업 참관록을 읽어 보니 내가 맡은 모둠보다 박 교사가 맡은 모둠에서 재료 탐색에 대한 과정이 더 적극적으로 이루어진 것으로 평가되었다. ➡ 동일한 내용을 맡은 두 교사가 수업 진행에 있어 차이를 보였다는 것을 의미함

• 나은이가 다른 수업 때보다 수업 참여도가 높았고, 친구들과 상호작용도 활발하게 해서 기뻤다. ➡ 평행교수의 장점

관련이론

✦ 평행교수

장점	• 효과적인 복습 형태를 제공함 • 학생들의 반응을 독려함 • 집단 학습과 복습을 위한 교사-학생 간 비율이 감소함 • 학급 학생을 1/2씩 나누어 학습하므로 모든 학생들이 토론에 참여하거나 교사의 질문에 답하는 기회를 적어도 두 배로 가질 수 있음 • 아동의 학업성취 여부를 점검하기가 수월함
단점	• 동일한 수준의 내용을 성취하기 어려울 수 있음 • 조율하기 어려움 • 상대방 교사의 속도에 대해 점검해야 함 • 교실이 시끄러워짐 • 모둠 간 경쟁을 야기함 • 교사들은 각각의 소집단에 소속된 아동들에게 동일한 교육내용을 전달해야 하는 책임이 있으므로 함께 수업을 준비하고 수업에 대한 계획할 수 있는 시간을 마련하는 것이 요구됨
효과	• 복습, 시험준비 활동이나 미술 활동과 같이 교사 대 학생의 비율이 낮은 활동 진행이 요구되는 경우에 사용함

고득점 답안 비법 ✘ 3)문항 답안작성 시, ⓒ에 나타난 상황과 평행교수의 이론적 단점을 연결 지어 작성해야 함

29

다음은 유아특수교사인 김 교사가 작성한 반성적 저널의 일부이다. 물음에 답하시오. [6점]

일자 : 2017년 9월 ○○일 (화)

오늘 유치원에서 공개 수업이 있었다. 나는 발달지체 유아인 나은이가 속해 있는 5세반 박 교사와 협력 교수로 '송편 만들기' 수업을 실시하였다. 유아들의 참여도를 높이기 위해 반 전체를 10명씩 두 모둠으로 나누어 '송편 만들기' 수업을 동시에 진행하였다.

유아들이 재료의 변화를 직접 탐색하고 조작해 볼 수 있도록 유아별로 송편 재료를 나누어 주었고, 여러 가지 재료와 활동 순서에 대해서는 사진 자료를 제시하였다. 나은이는 ⓐ <u>쌀가루의 냄새를 맡고, 손가락으로 반죽을 눌러 보았다.</u> 찜통 속의 송편을 꺼낼 때 나은이는 ⓑ <u>"뜨거울 거 같아요.", "커졌을 거 같아요."</u> 하며 관심을 보였다.

ⓒ <u>동료 교사들의 수업 참관록을 읽어 보니 내가 맡은 모둠보다 박 교사가 맡은 모둠에서 재료 탐색에 대한 과정이 더 적극적으로 이루어진 것으로 평가되었다.</u> 그러나 나은이가 다른 수업 때보다 수업 참여도가 높았고, 친구들과 상호작용도 활발하게 해서 기뻤다.

---

1) 위 저널에서 ① 브루너(J. Bruner)가 제시한 표상 양식 중 사용되지 <u>않은</u> 것을 쓰고, ② 그 표상 양식의 개념을 쓰시오. [2점]

① :

② :

2) 밑줄 친 ⓐ과 ⓑ에 해당하는 유아의 과학적 탐구 과정(기술)을 쓰시오. [2점]

ⓐ :

ⓑ :

3) ① 박 교사와 김 교사가 적용한 협력 교수의 유형을 쓰고, ② 그 협력 교수 유형의 단점을 밑줄 친 ⓒ에 나타난 내용에 근거하여 쓰시오. [2점]

① :

② :

(30)

┌──────────────┐
│ 정답 및 예시답안 │
└──────────────┘

1) 유치원 교육과정
2) 유치원 교육과정
3) ① 여러 수준의 유아들이 섞인 이질적인 집단을 구성한다.
   ② 두 집단의 유아들이 동일한 수준의 내용을 성취하기 어려울 수 있다.

┌──────────────┐
│ 알찬 지문풀이 │
└──────────────┘

- 김 교사: 아, 그렇군요. 저희 파란 팀 친구들은 아직 모르겠다고 했어요.
- 놀이를 마무리하면서 우리 팀 유아들에게 비닐을 깐 경사면과 비닐을 깔지 않은 경사면 중 어느 쪽에서 굴린 공이 먼저 내려왔냐고 물었어요. 그랬더니, 유아들이 모르겠다고 하더라고요.
- 박 교사: 선생님과 함께 미끄럼틀 공놀이를 준비하면서 사전에 구체적인 계획도 세우고 놀이 진행에 대한 충분한 협의를 했었는데 ….
➡ 각 팀원의 학습에서 차이가 발생하였고, 사전 계획을 세우고 협의를 했음에도 각 팀의 성취가 달라진 것을 보여주는 지문

┌──────────────┐
│ 고득점 답안 비법 │
└──────────────┘ ✗ 3)문항 답안작성 시, '집단 구성' 측면의 내용을 정확하게 구체적으로 서술해야 하며, 평행교수의 단점은 (나)와 연결되는 내용이어야 함

30

2023. 유
★답안작성

(가)는 통합학급 과학 놀이의 한 장면이고, (나)는 통합학급 김 교사와 유아특수교사 박 교사의 바깥놀이 활동 후 대화이다. 물음에 답하시오. [5점]

(가)

> (유아들이 미끄럼틀에서 공 굴리기 놀이를 하고 있다.)
> 은　우: 선생님, 동하가 공을 가지고 미끄럼틀에 올라갔어요.
> 박 교사: 동하도 미끄럼틀에 공 굴리고 싶은가 보다.
> 동　하: ㉠ (럭비공을 신기하게 보며) 이거 뭐지? 공이 길쭉하네. 이상하게 생겼네.
> 동　우: 동하야, 굴려 봐. 우와 재미있겠다. 나도 해 볼래.
> 성　재: 정말 재밌겠는걸. 나도 굴릴 거야.
>
> … (중략) …
>
> 민　수: 그런데, 미끄럼틀에 큰 비닐을 깔면 공이 더 먼저 내려올 것 같아. 비닐은 미끌미끌하니까.
> 성　재: 아니야, 더 늦게 내려올 것 같은데.
> 미　주: 선생님, 미끄럼틀에 비닐을 깔면 공이 더 먼저 내려와요, 늦게 내려와요?
> 김 교사: 선생님도 잘 모르겠는걸. 그럼 우리 내일 다 같이 미끄럼틀 공놀이해 볼까요?
> 유 아 들: 네.
> 박 교사: 김 선생님, 바깥놀이터에 같은 미끄럼틀 2개가 있으니까 잘됐네요. 미끄럼틀의 경사면 높이와 길이가 같으니까 같은 공으로 굴리도록 하면 비교할 수 있겠어요.　[A]
> 김 교사: 그러면 우리가 미끄럼틀 한쪽 경사면에 비닐을 깔고 다른 쪽에는 비닐을 깔지 않도록 해요. 이렇게 조건을 다르게 하여 비교할 수 있도록 해요.
> 박 교사: 선생님, 좋은 생각이네요. (유아들에게) 얘들아, 그럼 내일 바깥놀이터에서 미끄럼틀 공놀이를 해 볼까요?
> 유 아 들: (박수 치며) 네, 좋아요.
> 김 교사: 선생님, 그런데 내일 유아들이 미끄럼틀 공놀이할 때 많이 기다리지 않고 잘 관찰할 수 있게 하는 방법이 있을까요?
> 박 교사: 음 …. 그럼 내일 바깥놀이 미끄럼틀 공놀이 때 ㉡ 평행교수(parallel teaching)를 활용하면 좋을 것 같아요.
>
> 　
> 빨간 팀　　　　　파란 팀

(나)

> 박 교사: 선생님, 오늘 바깥놀이터 미끄럼틀 공놀이는 어떠셨어요? 저희 빨간 팀은 비닐을 깐 경사면에서 공이 더 늦게 내려오는 걸 확인했어요.
> 김 교사: 아, 그렇군요. 저희 파란 팀 친구들은 아직 모르겠다고 했어요.
> 박 교사: 그래요? 파란 팀 친구들이 정말 재미있게 놀이를 하던데요?
> 김 교사: 처음에는 우리 팀 유아들이 3~4회 정도 비닐의 유무에 따라 비교하면서 놀았어요. 그런데 유아들이 여러 색의 공을 한꺼번에 굴리는 새로운 놀이를 하더라고요. 놀이를 마무리하면서 우리 팀 유아들에게 비닐을 깐 경사면과 비닐을 깔지 않은 경사면 중 어느 쪽에서 굴린 공이 먼저 내려왔냐고 물었어요. 그랬더니, 유아들이 모르겠다고 하더라고요.
> 박 교사: 선생님과 함께 미끄럼틀 공놀이를 준비하면서 사전에 구체적인 계획도 세우고 놀이 진행에 대한 충분한 협의를 했었는데 ….
>
> … (하략) …

1) (가)의 ㉠에서 알 수 있는 과학적 태도의 구성 요소는 무엇인지 쓰시오. [1점]

2) (가)의 [A]를 반영하여 과학 실험을 설계할 때 ① 조작변인과 ② 종속변인에 해당하는 내용을 각각 쓰시오. [2점]

　① :

　② :

3) ① (가)의 ㉡을 적용할 때 집단 구성 시 고려 사항을 쓰고, ② (나)에 근거하여 ㉡의 단점을 1가지 쓰시오. [2점]

　① :

　② :

핵심테마 체크 ✔

• 협력교수

MY MEMO

31

정답 및 예시답안

1) ① 스테이션 교수
   ② 교사 대 아동 비율이 낮아 아동들이 활동에 보다 적극적으로 참여하고 교사의 피드백을 받을 기회가 증가한다.
2) 유치원 C
3) 모델링

알찬 지문풀이

• 유아들은 <u>세 가지 활동에 모둠</u>으로 나누어 참여했다. <u>나</u>는 음악에 맞추어 리듬 막대로 연주하기를 지도하고, <u>박 선생님</u>은 음악을 들으며 코끼리처럼 움직이기를 지도해 주었다. 다른 모둠은 <u>원감 선생님</u>께서 유아들끼리 자유롭게 코끼리 그림을 그릴 수 있도록 해 주었다. 그리고 <u>한 활동이 끝나면 유아들끼리 모둠별로 다음 활동으로 이동</u>해 세 가지 활동에 모두 참여할 수 있도록 해 주었다.
  ➡ 두 교사와 원감 선생님은 각 모둠에서 각각 다른 내용을 지도함

관련이론

✦ **스테이션 교수**

장점	• 능동적인 학습 형태를 제시 • 소그룹 수업을 통해 주의집중 증가 • 협동과 독립성 증진 • 학생들의 반응 증가 • 전략적으로 집단 구성 • 장애학생이 소집단에서 학습할 때 효율적 • 두 교사가 모든 아동들을 가르치는 기회가 주어지기 때문에 동일한 지위를 가질 수 있음 • 교사들의 교수 스타일이 다르더라도 효과적인 교수가 이루어질 수 있음 • 교사 대 아동의 비율이 낮아 아동들이 활동에 보다 적극적으로 참여하고 교사로부터 관심과 피드백을 받을 기회가 증가
단점	• 많은 계획과 준비가 필요 • 교실이 시끄러워짐 • 집단으로 일하는 기술과 독립적인 학습기술이 필요 • 감독하기 어려움
효과	• 여러 형태의 실제 활동이 있는 수업에 적합 • 학생들 간의 모둠활동을 통한 사회적 상호작용 기회의 증가 • 소집단 학습 가능 • 독립적 학습의 기회 제공(모둠에서 독립학습 장소를 제공하는 경우) • 교사와 학생의 비율이 낮음

고득점 답안 비법 ✗ 1)의 ②에 대한 답안작성 시, 스테이션 교수의 여러 가지 장점 중 (가)의 상황과 관련되는 사항을 포함해야 함. 김 교사의 반성적 저널에 제시된 내용과 관련되는 장점을 쓸 것

31

(가)는 통합학급 김 교사의 반성적 저널의 일부이고, (나)는 특수학급 박 교사의 수업 장면의 일부이다. 물음에 답하시오. [5점]

(가)

일자 : 2018년 ○○월 ○○일

　박 선생님과 함께 '코끼리의 발걸음' 음악을 듣고 다양한 방법으로 표현하기를 했다. 우리 반은 발달지체 유아 태우를 포함해 25명으로 구성되어 있어 음악과 관련된 활동을 할 때마다 늘 부담이 되었다. 이런 고민을 박 선생님께 말씀드렸더니 (　㉠　)을/를 제안해 주었다.

　유아들은 세 가지 활동에 모둠으로 나누어 참여했다. 나는 음악에 맞추어 리듬 막대로 연주하기를 지도하고, 박 선생님은 음악을 들으며 코끼리처럼 움직이기를 지도해 주었다. 다른 모둠은 원감 선생님께서 유아들끼리 자유롭게 코끼리 그림을 그릴 수 있도록 해 주었다. 그리고 한 활동이 끝나면 유아들끼리 모둠별로 다음 활동으로 이동해 세 가지 활동에 모두 참여할 수 있도록 해 주었다. [A]

(나)

박 교사 : 선생님과 '코끼리의 발걸음' 음악을 들으면서 움직여 볼 거예요.
유아들 : 네.
박 교사 : 선생님을 잘 보세요. 한 발로 땅을 딛었다가 가볍고 빠르게 뛰어오르고, 다시 다른 발로 땅을 딛었다가 뛰어오르는 거예요. 한 번 해 볼까요?
시　율 : 선생님, 저 보세요. 코끼리가 뛰는 거 같지요?
박 교사 : 아기 코끼리 한 마리가 신나게 뛰고 있네요.
태　우 : (친구들을 따라 ㉡ 몸을 움직여 본다.)
박 교사 : 태우야, 선생님이 하는 것을 보고 따라 해 볼까요? 이렇게 하는 거예요. 한번 해 볼까요? [B]
태　우 : (교사의 행동을 보고 따라한다.)

… (하략) …

1) (가)의 [A]에 근거해 ① ㉠에 해당하는 협력 교수의 유형을 쓰고, ② ㉠과 같은 유형으로 수업을 할 때의 장점을 1가지 쓰시오. [2점]

　① :

　② :

2) 다음은 태우가 표현한 동작 ㉡에 대한 설명이다. ① 이 동작의 명칭을 쓰고, ② 이 동작은 기본 동작의 유형 중 무엇에 해당하는지 쓰시오. [2점]

한쪽 발은 들어 올린 채 다른 한 발을 이용해 바닥에서 뛰어올랐다가 착지하고, 같은 발로 뛰어올랐다 착지하기를 반복함

　① :

　② :

3) (나)의 [B]에서 박 교사가 사용한 교수 전략을 쓰시오. [1점]

핵심테마 체크 ✓

• 협력교수
• 협동학습

> MY MEMO

32

정답 및 예시답안

○ 학습자 입장에서의 협력교수의 장점 : 해당 유형의 장점 중 학습자 입장에서(즉, 학습자가 협력교수 활동에 참여하는 과정에서 학습이나 참여에 있어서 장점이 될 수 있는 사항)의 장점을 서술해야 함

　　㉠ 평행교수의 장점
　　㉡ 스테이션 교수의 장점

○ 두 협력교수 유형의 차이점을 <u>대상, 교수·학습 활동, 자료 및 유의점 등을 참고</u>하여 교수 집단의 구성과 교수·학습 활동의 내용 측면에서 각각 1가지씩 설명 : 장애학생이 포함되어 있고, 수정된 학습목표를 포함한 교수·학습활동에서 자기점검표 및 안내 노트 등의 자료를 사용한다는 점을 답안 작성에 반영하여 설명해야 함

　　① 교수 집단의 구성에서의 차이점 : 평행교수는 전체 집단을 이질적인 두 집단으로 구분하는 반면, 스테이션은 전략적으로 집단을 구성하는 것이 가능함 ➡ 이 내용을 바탕으로 문제 상황을 반영하여 설명할 것

　　② 교수·학습 활동의 내용 측면에서의 차이점 : 평행교수는 각 집단에 동일한 내용을, 스테이션은 각 스테이션마다 다른 내용을 지도함 ➡ 이 내용을 바탕으로 문제 상황을 반영하여 설명할 것

○ ㉢ 협동학습에서 사회적 환경을 조성하기 위하여 특수교사가 지원해야 할 내용 2가지 : 통합교육 상황에서 사회적 환경을 조성할 수 있는 여러 방안 중 2가지를 협동학습 상황과 관련지어 설명

관련이론

✦ 평행교수

• 두 교사가 함께 수업을 계획하고 학급을 여러 수준의 학생들이 섞인 두 집단으로 나눈 후 같은 내용을 동시에 각 집단에 교수한다.
• 내용의 동질성을 위해 구체적인 사전 협의가 필수적이다.
• 반복학습이나 프로젝트 학습에 사용하는 것이 좋다.

✦ 스테이션

• 교사는 수업내용에 대한 세 개 이상의 교사 주도 또는 독립적 학습을 할 수 있는 학습 스테이션을 준비하고, 학생들은 수업내용에 따라 집단이나 모둠을 만들어 자연스럽게 이동하면서 모든 영역의 내용을 학습한다.
• 각 스테이션에 할당된 시간을 타이머를 통해 점검할 수 있도록 배려하는 것도 중요하다.

고득점 답안 비법 ✗ 〈작성방법〉에 제시된 모든 조건을 빠짐없이 반영하여 서술해야 함

✗ 시험 전형이 달라져, 현 시험은 논술형 문항이 출제되지 않으므로 각 요소를 각각의 서술형 문항으로 구분하여 서술해 볼 것

32

2016. 중
★답안작성

다음은 중학교 1학년 통합학급에서 일반교사와 특수교사가 협력교수를 실시하기 위해 작성한 사회과 교수·학습 지도안의 일부이다. 협력교수의 장점과 차이점, 특수교사의 지원 내용을 〈작성 방법〉에 따라 논하시오. [10점]

〈사회과 교수·학습 지도안〉

단원명	일상생활과 법	대상	중 1-3, 30명 (장애학생 2명 포함)	교사	일반교사 김○○ 특수교사 박○○
주제 (소단원)	개인의 권리 보호와 법			차시	6/9
학습 목표	권리와 의무의 관계를 설명할 수 있다. 자신의 권리를 정당한 절차와 방법을 통해 주장할 수 있다.				
수정된 학습 목표	일상생활에서 자신의 권리와 의무를 말할 수 있다. 권리 구제에 도움을 주는 기관을 말할 수 있다.				

학습 단계	교수·학습 활동	교수·학습 방법	자료 및 유의점
도입	• 전시 학습 확인 • 학습목표 제시		
전개	활동 1: 개인의 권리와 의무 • 일상생활에서 자신의 권리를 행사한 경험을 발표하기 • 권리와 의무의 관계 알기	㉠ 평행교수	• 자기점검표
	활동 2: 권리 침해를 구제받는 방법 • 개인의 권리 보호가 어떻게 이루어지는지 알기 • 침해된 권리를 찾는 방법 알기 • 정부 기관과 시민 단체를 통한 권리 구제의 방법을 담은 안내 노트 작성하기	㉡ 스테이션 교수	• 안내 노트 • 스테이션을 3개로 구성함
	활동 3: 권리 구제에 도움을 주는 기관 조사 • 권리 구제에 도움을 주는 기관과 해당 기관의 역할을 모둠별로 조사하기 • 모둠별로 조사한 내용을 전체 학생을 대상으로 발표하기	㉢ 협동학습	• 권리 구제 관련 기관의 목록

〈작성방법〉

• ㉠과 ㉡의 장점을 학습자 입장에서 각각 2가지 제시할 것
• 사회과 교수·학습 지도안에 제시된 '대상', '교수·학습 활동', '자료 및 유의점' 등을 참고하여 ㉠과 ㉡의 차이점을 교수 집단의 구성과 교수·학습 활동의 내용 측면에서 각각 1가지 설명할 것
• ㉢에서 장애학생이 집단의 구성원으로서 긍정적인 역할을 할 수 있도록 사회적 환경을 조성하기 위해 특수교사가 지원해야 할 내용 2가지를 설명할 것
• 서론, 본론, 결론의 형식을 갖출 것

핵심테마 체크 ✓

• 협력교수

MY MEMO

33

정답 및 예시답안

1) 유치원 C
2) 유치원 C
3) 스테이션 교수 / 3가지 활동에 참여하는 시간을 균등하게 배분해야 한다.

알찬 지문풀이

• 김 교사 : 유아들이 각 활동에 좀 더 잘 참여할 수 있도록 <u>두 반의 유아들을 세 모둠으로 나누어</u>
  <u>활동</u>하는 것은 어떨까요?
• 최 교사 : 그러면 <u>세 모둠의 유아들이 한 모둠씩 3가지 활동을 돌아가면서</u> 할 수 있겠어요.
➡ 스테이션의 모둠 구성 및 활동을 의미함

관련이론

✦ **스테이션**

• 교사는 수업내용에 대한 세 개 이상의 교사 주도 또는 독립적 학습을 할 수 있는 학습 스테이션을
  준비하고, 학생들은 수업내용에 따라 집단이나 모둠을 만들어 자연스럽게 이동하면서 모든 영역
  의 내용을 학습한다.
• 각 스테이션에 할당된 시간을 타이머를 통해 점검할 수 있도록 배려하는 것도 중요하다.

고득점 답안 비법 ✗ 각 스테이션에 할당된 시간을 타이머로 점검할 수 있다는 각론의 내용을 그대로 쓰는 문제가
아님. 이 내용을 근거로 문제 상황에 맞게 답안을 서술해야 함

33

2024. 유
★답안작성

(가)는 통합학급의 바깥 놀이 장면이고, (나)는 유아특수교사 박 교사와 유아교사 김 교사, 최 교사의 대화이다. 물음에 답하시오. [5점]

(가)

(민지와 또래들이 바깥 놀이터에서 나뭇잎을 모으고 있다.)

현　주: 은행잎이랑 단풍잎 정말 많이 모았다!

도　현: 이것 봐! 민지가 은행잎이랑 단풍잎을 줄 세우고 있어.

현　주: 우리가 단풍잎을 더 많이 가져왔네! 은행 잎을 좀 더 많이 모아 와야겠어.

김 교사: 왜 단풍잎이 더 많다고 생각했니?

현　주: 단풍잎 줄이 더 길어요.

민　지: 아니야. 단풍잎도 은행잎도 모두 7개야. 길 이가 달라도 똑같아.

현　주: 왜 똑같아?

김 교사: 단풍잎과 은행잎을 짝 지어 줄 세워 볼까? 어떠니?

현　주: (은행잎과 단풍잎을 짝 지어 세어 본다.) 은행잎과 단풍잎 개수가 똑같아요.

도　현: (단풍잎 배열을 바꾸며) 이렇게도 줄 세울 수 있지!

현　주: 어? 단풍잎이 줄어든 건가?

… (중략) …

김 교사: 나뭇잎을 정말 많이 모았구나.

도　현: 은행잎이랑 단풍잎으로 묶어 볼래요.

수　지: 은행잎을 노란색끼리, 초록색끼리도 묶었어.

민　지: 그럼 단풍잎도 같은 색끼리 묶어 볼래.

김 교사: 단풍잎도 여러 색깔이 있구나. 색깔이 몇 가지니?

현　주: 단풍잎도 색깔이 두 가지예요.

수　지: 은행잎처럼 초록색끼리도 묶어야지.

도　현: (단풍잎을 분류하며) 단풍잎을 빨간색끼리, 초록색끼리 묶었어. 묶음이 몇 개지?

현　주: 은행잎처럼 단풍잎도 두 묶음이야.

김 교사: 나뭇잎이 모두 몇 개의 묶음이 되었니?

현　주: 하나, 둘, 셋, 넷! 네 개예요.

[A]

[B]

(나)

박 교사: 유아들의 관심사를 반영하여 다람쥐반과 토끼 반이 함께 나뭇잎으로 다양하게 확장된 놀이를 하기로 했잖아요.

최 교사: 네. 두 반이 함께 나뭇잎과 관련하여 물감 찍기, 그래프 활동을 하고 동화책 듣기도 하기로 했 었죠.

김 교사: 유아들이 각 활동에 좀 더 잘 참여할 수 있도록 두 반의 유아들을 세 모둠으로 나누어 활동하는 것은 어떨까요?

최 교사: 그러면 세 모둠의 유아들이 한 모둠씩 3가지 활 동을 돌아가면서 할 수 있겠어요.

박 교사: 협력교수 중 (　㉠　)을/를 말씀하시는 거 군요.

최 교사: 네. 김 선생님이 물감 찍기, 박 선생님이 그래프 활동, 제가 동화책 듣기를 진행하면 되겠어요.

김 교사: 좋은 생각이네요.

… (하략) …

1) 피아제(J. Piaget)의 수 개념 발달 단계에 근거하여 (가)의 [A]에서 현주와 민지가 보이는 수 개념 발달의 ① 공통점과 ② 차이점을 쓰시오. [2점]

①:

②:

2) (가)의 [B]에 나타나는 ① 수학적 과정기술을 1가지 쓰고, ② 유아들이 활용한 분류 기준을 모두 쓰시오. [2점]

①:

②:

3) (나)의 ㉠에 해당하는 명칭을 쓰고, ㉠을 실시할 때 고려할 점 1가지를 시간 측면에서 쓰시오. [1점]

핵심테마 체크 ✔

• 점수의 유형
• 타당도의 종류
• 저시력 학생을 위한 자료 수정
• 교수-지원(교수-보조)

MY MEMO

(34)

정답 및 예시답안

1) ① 4학년 넷째 달의 수행수준
   ② 내용 타당도
2) ① 대비조절
   ② 확대 답안지, 반사가 적은 종이의 답안지, 옅은 담황색 종이의 답안지, 고대비로 수정한 답안지 등
3) ① 교수-지원
   ② 교수-지원은 필요에 따라 개별 학생들을 지원하지만, 대안교수는 심화 및 보충 지도가 필요한 소집단 학생을 대상으로 교수를 지원하는 데에서 교사 역할의 차이가 있다.

관련이론

✦ **등가점수**: 기능 수준을 나타내는 연령 또는 학년
  • **연령 등가점수**: 연령으로 나타낸 기능 수준(예 3-3)
  • **학년 등가점수**: 학년으로 나타낸 기능 수준(예 3.3)

✦ **타당도**

내용 타당도	• 내용 타당도란 검사문항들이 측정하고자 하는 전체 내용을 얼마나 잘 대표하고 있는가를 전문가가 주관적으로 판단하는 주관적 타당도이다.
안면 타당도	• 검사가 실제 무엇을 측정하려는 것인지를 피험자의 입장에서 검토하는 타당도이다. • 어떤 특성을 측정할 때 자주 접해 본 문항들이 있으면 안면 타당도가 있다고 말한다. 안면 타당도는 너무 주관적이어서 과학적으로는 많이 사용되지 않고 있으며 가장 약한 형태의 타당도라 할 수 있다.
준거 관련 타당도	• 준거 타당도란 연구자가 측정한 검사점수와 그 개념에 대한 준거와의 상관관계 추정을 통해 검사도구의 타당도를 검사하는 방법이다. • 준거란 다른 검사점수 혹은 미래의 행위를 말하는 것으로, 준거 타당도는 수렴 및 판별 근거, 검사-준거 관련성, 타당도 일반화로 분류한다. • **예언 타당도**: 예언 타당도란 검사점수가 미래의 행동을 얼마나 정확하게 예언하는지를 의미하는 것으로 예측 타당도라고도 한다. • **공인 타당도**: 공인 타당도란 검사점수와 준거와의 관계를 현재 시점에서 검증하는 타당도이다.
구인 타당도	• 구인이란 가설적 개념으로 지능, 동기, 태도 등과 같은 심리적 특성이나 행동 양상을 설명하기 위한 구성 개념이라고 할 수 있다. • 구인 타당도는 측정하고자 하는 특성의 구성 요인을 얼마나 충실하게 이론적으로 설명하여 경험적으로 측정하느냐와 관련이 있다.

✦ **교수-지원 협력교수**

특징	• 모든 주제활동에 적용 가능 • 일대일 직접 지도 가능 • 전체 교수를 담당하는 교사는 다른 협력교사가 학생들을 개별적으로 지원하거나 행동문제를 관리하므로 전체 수업에 더욱 집중할 수 있음 • 다른 모형에 비해 상대적으로 적은 협력계획 시간이 요구됨
고려사항	• 교수역할(전체 수업 교사, 개별 지원교사)이 고정되어 있는 경우 교사의 역할에 대한 불만족이 있을 수 있음

고득점 답안 비법 ✗ 3)의 ② 답안은 '교사의 역할' 측면에서 차이점을 명확하게 설명해야 함. 각 협력교수의 핵심을 '교사의 역할' 측면에서 서술한다는 점을 생각하며 간결하고 명확하게 서술해 볼 것!

34 |

2022. 초
★답안작성

(가)는 세희의 특성이고, (나)는 통합학급 교사와 시각장애거점 특수교육지원센터 특수교사의 협의 내용이다. 물음에 답하시오. [6점]

(가) 세희의 특성

> • 초등학교 6학년 저시력 학생임
> • 피질시각장애(Cortical Visual Impairment : CVI)로 인해 낮은 시기능과 협응능력의 부조화를 보임
> • 눈부심이 있음 ⌉
> • 글씨나 그림 등은 검은색 배경에 노란색으로 제시 [A] 했을 때에 더 잘 봄 ⌋
> • 원근 조절이 가능한 데스크용 확대독서기를 사용하지만 읽는 속도가 느림
> • 기초학습능력검사(읽기) 결과, ㉠학년등가점수는 4.4임

(나) 특수교사의 순회교육 시, 협력교수를 위한 통합학급 교사와 특수교사의 협의 내용

협의 내용 요약		점검사항 공통사항 : 공 세희지원 : 세
통합학급 교사	특수교사	
• 전체 수업 진행 −구체적인 교과 내용을 지도함 • 팀별 학습 활동 −팀의 학생들은 상호작용을 하며 과제를 해결함	• 학급을 순회하며 전체 학생 관찰 및 지원 −학생들에게 학습 전략을 개별 지도함 −원거리 판서를 볼 때 세희에게 확대독서기의 초점 조절법을 개별 지도함	공 팀별 활동 자료
• 팀 활동 후 평가 실시 −평가지는 ㉡평가 문항들이 단원의 목표와 내용을 충실하게 대표하는지를 같은 학년 교사들이 전문성을 바탕으로 이원분류표를 활용해서 비교·분석하여 확인함	• 학급을 순회하며 학생 요구 지원 −세희가 평가지를 잘 볼 수 있게 ㉢확대 독서기 기능 설정을 확인함 −시험시간을 1.5배 연장함	공 이원분류표 세 ㉣ 수정된 답안지와 필기구 제공
• 팀 점수 산출 • 팀 점수 게시 및 우승팀 보상	• 팀 점수 산출 시 오류 확인 −학급을 순회하며 필요한 도움을 제공함	

1) ① (가)의 ㉠을 해석하여 쓰고, ② (나)의 ㉡에 해당하는 타당도의 유형을 쓰시오. [2점]

① :

② :

2) ① (가)의 [A]를 고려하여 특수교사가 확인해야 할 (나)의 ㉢을 쓰고, ② (가)를 고려하여 (나)의 ㉣의 예를 1가지 쓰시오. [2점]

① :

② :

3) ① (나)에 적용된 협력교수 유형의 명칭을 쓰고, ② 이 협력교수와 대안교수의 차이점을 교사의 역할 측면에서 쓰시오. [2점]

① :

② :

핵심테마 체크 ✓

• 협력교수

MY MEMO

(35)

정답 및 예시답안

1) 유치원 C
2) ① 교수자료의 수정
   ② 향기가 나지 않는 비누를 제공한다, 비누를 쉽게 잡을 수 있는 클립 등의 도구를 제공한다.
3) ㉡ 교수−보조, ㉢ 대안교수

알찬 지문풀이

• 그런데 윤아는 마스크 쓰기를 싫어해서 벗고 있을 때가 많고, 비누를 사용하지 않으려고 해요.
• ㉠ 비누의 거품은 좋아하지만 꽃 향기를 싫어하고, 소근육 발달이 늦어서 손으로 비누 잡는 것을 어려워해요. ➡ 교수자료인 '비누'를 수정·조정하는 것이 필요함

• ㉡ 민 선생님께서 전체 유아를 대상으로 비누로 손 깨끗하게 씻기를 지도하시면, 저는 윤아뿐만 아니라 특별히 도움이 필요한 다른 유아들도 활동에 효과적으로 참여할 수 있도록 도울게요.
  ➡ 집단 구성 없이, 도움이 필요한 유아들을 지도한다는 것이 핵심

• ㉢ 윤아와 몇몇 유아들이 마스크 쓰기와 손 씻기를 계속 많이 어려워하는 경우, 이들을 별도로 소집단을 구성해서 특별한 방법으로 집중 지도를 해 보도록 할게요. ➡ 별도의 소집단을 구성하여 지도한다는 것이 핵심

핵심테마 체크 ✓

• 또래지원 학습전략
  (PALS)

MY MEMO

(36)

정답 및 예시답안

①

알찬 지문풀이

• 보기 ②~⑤의 내용은 PALS의 특성

관련이론

✦ 또래지원 학습전략(PALS)

특징	• 특별한 지원이 필요한 학생에게 효과적인 전략 • 학습장애 학생이나 낮은 학업성취 학생에게 효과적임 • 학생들도 또래교수에 대해 긍정적으로 인식하고 있으며, 장애학생에 대한 사회적인 태도도 향상됨 • 단점은 교사의 지원이 없으면 효과가 떨어지며, 장애가 심할 경우 또래중재 전에 특수교사의 강도 있는 개별화교육이 필요하다는 점을 들 수 있음
3가지 활동	• **파트너 읽기**: 또래교수 짝에서 높은 수준의 독자가 파트너 읽기 활동에서 먼저 읽는다. 5분 동안 선택된 자료를 소리 내어 읽는다. 낮은 수행을 보이는 독자는 5분 동안 같은 자료를 읽는다. 낮은 수행의 독자는 읽었던 것의 주요 사건을 순서대로 나열한다. • **단락 줄이기**: 단락 줄이기에서 높은 수준의 독자는 새로운 이야기 자료를 계속해서 읽는다. 각각의 단락을 다른 단락으로 요약한 후에 멈춘다. 낮은 수준의 독자는 다음 5분 동안 계속해서 이야기를 읽고 각각의 단락을 요약한 후에 멈춘다. • **예측 릴레이**: 예측 릴레이에서 높은 수준의 독자는 예측을 하고, 자료의 한 페이지나 반 페이지를 소리 내어 읽는다. 그리고 예측의 정확도를 체크한 뒤 멈춘다. 그리고 다음 반 페이지에 무슨 일이 일어날 것인지 예측을 하고 계속해서 읽는다. 이것을 5분 동안 실시한다. 낮은 수행의 학생은 이 순서를 반복한다.

35

다음은 5세 발달지체 윤아의 통합학급 민 교사와 유아특수교사 송 교사가 나눈 대화이다. 물음에 답하시오. [5점]

민 교사: 선생님, 내일 우리 반 유아들과 함께 독감과 코로나-19 예방을 위해 '마스크 쓰기'와 '비누로 손 깨끗하게 씻기'를 알아보려고 해요. 그런데 윤아는 마스크 쓰기를 싫어해서 [A] 벗고 있을 때가 많고, 비누를 사용하지 않으려고 해요. 윤아도 질병을 예방하는 방법을 알고 꼭 실천하게 해 주고 싶어요.

송 교사: 윤아는 얼굴에 물건 닿는 것을 싫어해서 마스크를 쓰지 않으려고 해요. 그리고 ㉠비누의 거품은 좋아하지만 꽃 향기를 싫어하고, 소근육 발달이 늦어서 손으로 비누 잡는 것을 어려워해요. 그래서 꽃 향기가 나는 비누 사용을 힘들어하는 것 같아요.

민 교사: 선생님, 그러면 협력교수를 통해 함께 지도하면 어떨까요?

송 교사: 내일 ㉡민 선생님께서 전체 유아를 대상으로 비누로 손 깨끗하게 씻기를 지도하시면, 저는 윤아뿐만 아니라 특별히 도움이 필요한 다른 유아들도 활동에 효과적으로 참여할 수 있도록 도울게요. 만약, ㉢윤아와 몇몇 유아들이 마스크 쓰기와 손 씻기를 계속 많이 어려워하는 경우, 이들을 별도로 소집단을 구성해서 특별한 방법으로 집중 지도를 해 보도록 할게요.

1) [A]와 관련된 2019 개정 유치원 교육과정 '신체운동·건강' 영역의 내용 범주를 쓰시오. [1점]

2) 송 교사가 ㉡의 상황에서 윤아의 ㉠ 문제를 해결하기 위해 적용할 수 있는 ① 교수적 수정 유형 1가지와 ② 이에 해당하는 예를 1가지 쓰시오. [2점]

① :

② :

3) 민 교사와 송 교사가 적용하려는 ㉡과 ㉢의 협력교수 유형을 쓰시오. [2점]

㉡ :

㉢ :

36

특수학급의 박 교사는 읽기에 어려움을 보이는 지수와 읽기를 잘하는 환희를 짝지어 아래와 같은 전략으로 읽기 지도를 하였다. 박 교사가 적용한 전략에 대한 설명으로 적절하지 <u>않은</u> 것은?

1. 파트너 읽기
- 박 교사: 학생의 수준에 맞게 선정한 읽기 자료를 제시하고 학습 활동을 자세히 안내한다.
- 환희, 지수: 환희가 자료를 먼저 읽고 지수가 뒤이어 읽는다.
- 환희: (지수가 읽기에서 오류를 보일 때) "잠깐, 잘못 읽었네. 무슨 단어인지 알아?"라고 묻는다.
- 환희: (지수가 대답을 못하면, 몇 초 후) "＿＿라고 읽는 거야."라고 말한다.
- 환희, 지수: 함께 읽은 후 지수는 읽은 내용을 간략히 다시 말한다.

2. 단락 요약
- 환희: 지수에게 읽은 내용을 짧게 요약하도록 요구한다.
- 환희, 지수: 계속해서 소리 내어 본문을 읽는다.
- 지수: 문단이 끝나는 부분에서 멈추고 내용을 요약한다.
- 환희: 지수의 요약에 대해서 오류가 있을 경우 이를 수정해 준다.

3. 예상 릴레이
- 환희: 다음 페이지에 나올 대용에 대해서 예측하고, 그 내용을 소리 내어 말한다.
- 지수: 예측한 내용이 맞는지 확인하고, 내용을 요약한다.
- 환희, 지수: 역할을 교대로 돌아가며 수행한다.

① 개념과 원리를 발견하는 데 초점을 둔다.

② 정해진 단계와 절차에 따라서 이루어진다.

③ 학습자의 수행 결과에 대해 동료의 교정적 피드백이 제공된다.

④ 학습자가 문제를 해결하도록 참여자 간 비계활동이 이루어진다.

⑤ 학습 내용과 수준을 다양화할 수 있는 차별화교수(differential instruction) 접근이라 할 수 있다.

37

정답 및 예시답안

1) 민우는 모둠활동에 끝까지 참여하는 데 어려움이 있으므로, 개별 책무성을 반영(집단 점수에 기여)할 수 있는 STAD에 참여시킨다.
2) ⓐ 또래지원 학습전략(PALS)
   ⓑ 읽기 활동에 대한 시범을 보인다.
3) 읽은 내용의 주요 사건이나 주제를 순서대로 나열한다[글의 구조(전, 중, 후)에 따라 글의 내용 이해하기 등].

관련이론

✦ 모둠성취분담모형(STAD)

1) 수업안내	• 학급 전체 대상으로 일반적인 교수활동 실시 • 주요개념, 학습목표, 자료와 과제 등 안내
2) 소집단 학습	• 집단 구성 : 성취도가 가장 높은 학생 1명과 평균 수준의 학생 2~4명, 학습이 어려운 성취가 낮은 학생 1명으로 이질적인 집단 구성 • 팀 구성 후, 팀학습의 의미 설명, 집단규칙 제시 등
3) 형성평가	• 퀴즈문제를 통해 개별적인 형성평가 실시 • 집단 구성원끼리 서로 돕지 못함
4) 개인별·팀별 점수 계산	• 개인 점수 : 초기의 기본 점수보다 향상된 점수 • 팀 점수 : 팀원의 개별 향상 점수 총합의 평균 점수
5) 팀 점수 게시와 보상	• 즉시 팀 점수와 개인 점수 게시 및 보상

38

정답 및 예시답안

④

알찬 지문풀이

• (가) 장애학생을 포함한 모든 학생들을 기후에 대한 사전지식과 학업 수준을 고려하여 5명씩 4개 조를 동질집단으로 구성하였다. ➡ 이질 집단

• (마) 원래의 조별로 학습 성과를 평가하기 위하여, 같은 조의 구성원들이 서로 협력해서 공동답안을 만들게 한 후 조별 점수를 산출하였다. ➡ 직소 II는 개별 평가를 실시하고, 개별 점수를 조별 점수에 반영하여 팀 점수를 산출함

관련이론

✦ 직소 II

1) 수업안내	• 교사는 네 명의 학생으로 구성된 학습 팀을 만들어 학습 지도를 하고 각자는 하나의 주제를 받아서 같은 주제를 가진 학생들, 즉 전문가들이 모여서 거기에 대해 토론하고 공부해서 그 결과를 학습 팀으로 다시 돌아와 다른 구성원에게 가르치게 된다는 것을 안내함
2) 원집단 구성 및 개인별 전문과제 부여	• 교사가 학생의 능력이나 성, 민족, 그리고 다른 주요 요인을 조정하여 이질집단을 구성함 • 집단 구성원들은 전문가 집단에서 학습할 각자의 과제를 부여받음 • 이러한 각자의 과제는 전체 학습 과제를 팀원 수만큼 나눈 것 중의 하나임
3) 전문가 집단에서 협동학습	• 학생들은 전문가 집단에서 같은 주제를 가지고 협동학습을 하게 됨 • 이때 각 팀원은 최상의 답을 도출하고 원집단에 돌아가서 다른 팀원을 가르칠 전략도 계획임
4) 원집단에서 팀원과의 협동학습	• 전문가 집단에서 학습한 내용을 가지고 원집단에 돌아와 다른 구성원들을 가르침
5) 개인별·팀별 점수 계산	• 개인 점수는 초기에 정해진 각 학생의 기본 점수보다 향상된 점수를 말함 • 팀 점수는 팀원의 개별 향상 점수 총합의 평균 점수를 말함
6) 팀 점수 게시와 보상	• 수업이 끝나면 즉시 팀 점수와 개인 점수를 게시하고 우수한 개인이나 소집단에게 보상함

37

다음은 특수학급 박 교사와 통합학급 임 교사의 대화 내용이다. 물음에 답하시오. [4점]

> 박 교사: 선생님도 잘 아시다시피 민우는 글을 유창하게 읽지 못하고 읽기 이해 능력도 매우 떨어져요. 그래서 국어 시험을 보면 낮은 점수를 받지요.
>
> 임 교사: 제가 국어시간에 읽기 활동을 할 때 협동학습의 한 유형인 ㉠모둠성취분담모형(Student Teams-Achievement Division, STAD)을 적용하려고 해요. 그런데 민우는 모둠활동에서 초반에는 관심을 보이지만, 이내 싫증을 내곤 해요. 그래서 끝까지 참여하는 데 어려움이 있어서 조금 걱정이 돼요.
>
> 박 교사: 그렇다면 민우에게는 모둠성취분담모형(STAD)과 함께 또래교수의 한 유형인 (㉡)을/를 적용해 보면 어떨까요? (㉡)은/는 ㉢파트너 읽기, 단락(문단) 줄이기, 예측 릴레이 단계로 진행되는데, 민우의 읽기 능력 향상에 도움이 될 거예요.

1) 임 교사가 ㉠을 적용하고자 하는 이유를 민우의 특성과 연결하여 1가지 쓰시오. [1점]

2) ㉡의 ⓐ 명칭을 쓰고, ㉡의 주요 활동 단계마다 또래교수자가 ⓑ 공통으로 수행하는 활동을 1가지 쓰시오. [2점]

   ⓐ :

   ⓑ :

3) 민우가 ㉢ 단계에서 읽기 이해 능력 향상을 위해 수행해야 하는 세부 활동을 1가지 쓰시오. [1점]

38

다음은 정신지체학생이 통합되어 있는 중학교 1학년 학급에서 사회과 '다양한 기후 지역과 주민 생활' 단원을 지도하기 위해 직소(Jigsaw)Ⅱ 모형을 적용한 수업의 예이다. 바르게 적용한 내용만을 있는 대로 고른 것은?

> (가) 장애학생을 포함한 모든 학생들을 기후에 대한 사전 지식과 학업 수준을 고려하여 5명씩 4개 조를 동질집단으로 구성하였다.
>
> (나) 각 조의 구성원들은 다섯 가지 기후(열대, 온대, 냉대, 한대, 건조) 중 서로 다른 한 가지 기후를 선택하였다.
>
> (다) 다섯 가지 기후 중에 동일한 기후를 선택한 학생들끼리 전문가 그룹이라는 이름으로 헤쳐 모여 그 기후에 대해 학습하였다.
>
> (라) 각각의 학생 전문가는 자신의 소속 조로 돌아가 같은 조의 구성원들에게 자신이 학습한 기후에 대해 가르쳤다.
>
> (마) 원래의 조별로 학습 성과를 평가하기 위하여, 같은 조의 구성원들이 서로 협력해서 공동답안을 만들게 한 후 조별 점수를 산출하였다.

① (가), (마)　　　　　② (나), (다)
③ (가), (라), (마)　　　④ (나), (다), (라)
⑤ (나), (다), (라), (마)

핵심테마 체크 ✓

- 일상생활 활동_유형
- 기능적 생활중심 교육과정
- 지원 유형
- 기능적 교육과정의 기본 전제
- STAD와 Jigsaw I
- 자기옹호 구성요소

MY MEMO

39

정답 및 예시답안

1) ① 수단적 일상생활 활동
   ② 생활연령에 맞는 기능적 기술을 학습하여 또래 학생들이 포함된 통합된 환경에 참여할 수 있도록 하기 위해서이다.
2) ① 자연적 지원
   ② 영수준의 추측
3) ① ㄹ은 집단 보상이 없어 상호의존성이 떨어지나 ㅁ은 개별 학생의 수행이 집단 보상에 반영되어 민호가 팀 구성원과 보다 상호의존적으로 참여할 수 있기 때문이다. (민호가 집단 보상에 기여하게 되어 집단활동에 참여하게 된다 등 집단 보상, 보상의존성과 관련지어 작성)
   ② 리더십

관련이론

✦ 일상생활 활동

일상생활 활동의 범위	• ADL은 기본적 ADL(BADL)과 수단적 ADL(IADL)의 두 가지 영역으로 분류함	
	기본적 일상생활 활동(BADL)	수단적 일상생활 활동(IADL)
	• 목욕하기, 샤워하기 • 대소변관리 • 옷 입고 벗기 • 먹기 • 식사하기 • 기능적 이동 • 개인용품관리 • 개인위생과 몸단장 • 성생활 • 화장실 위생	• 다른 사람 돌보기 • 애완동물 돌보기 • 아이 돌보기 • 의사소통관리 • 지역사회 이동 • 재정관리 • 건강관리와 유지 • 가정관리 • 식사 준비와 설거지 • 종교 행사 • 안전과 응급상황관리 • 쇼핑하기
일상생활 활동 평가	• ADL 평가는 주로 면담과 자가평가 및 수행능력평가로 구성되지만 면담만으로는 실제 기능적 독립 수준을 알아보는 데 어려움이 있으므로 주의 • ADL 평가는 실제로 그 활동을 수행하는 시간과 장소(환경)에서 실시하는 것이 이상적임 • ADL 평가는 간단하고 안전한 것을 먼저하고 나중에 좀 더 어렵고 복잡한 것으로 진행함으로써 피로감과 어려움을 덜어 주어야 함 • 다른 사람의 도움 여부에 따른 분류 : 독립적 수행 / 의존적 수행 • 평가도구 : 바델지수, 기능적 독립성 척도, 카츠 ADL지수, 아동용 기능적 독립성 평가 등	

✦ 기능적 교육과정의 기본 전제

연령에 적절한 교육과정	• 지적장애 학생의 교육과정은 생활연령에 적합한 내용으로 구성되고 적용되어야 한다.
궁극적 기능성의 기준	• 중도장애 학생을 위한 교육목표로서, 그들이 성인이 되어 '최소제한환경'에서 일반인들과 함께 자신의 잠재력을 최대한 발휘하여 기능할 수 있도록 하는 것이다.
최소위험 가정 기준	• 결정적인 자료가 있지 않는 한 교사는 학생에게 최소한의 위험스러운 결과를 가져오는 가정에 기반하여 교육적 결정을 내려야 한다는 개념이다. • 결정적인 증거가 없는 한 아무리 지적장애의 정도가 심해도 최선의 시도를 통해 교육 가능성(educability)의 신념을 실현해야 한다.
영수준의 추측	• 학급에서 배운 기술들을 실제 사회생활에서 일반화하지 못할 수도 있다는 전제에 기반을 두고, 배운 기술들을 여러 환경에서 일반화할 수 있는지를 시험해 봐야 한다는 개념이다.
자기결정 증진	• 자기결정은 개인이 어떤 방식으로 행동하게 하는 원인이 바로 자기 자신(자아)이라는 것을 의미하는데, 지적장애 학생에게 자기결정된 모델을 이행하는 것은 어려운 일일 수 있다.

✦ 자기옹호

- 자기옹호 : 자신에 대한 전반적인 지식과 기본적인 권리를 인식하고 이를 기반으로 다양한 대상과 상황 속에서 자신의 욕구, 필요, 신념, 권리 등을 적합한 의사소통방법으로 표현하는 것
- 자기옹호의 4가지 구성요소 : 자기지식, 권리지식, 의사소통, 리더십

39

2023. 초
★답안작성

(가)는 지적장애 학생 민호 부모의 요구이고, (나)는 특수교사가 작성한 요구 분석 및 지원 계획이다. 물음에 답하시오. [6점]

(가) 부모의 요구

- 본인의 방을 스스로 청소하고 간단한 식사 준비하기  [A]
- 스마트폰을 활용하여 혼자 지하철 타기
- 친구들과 함께하는 활동에서 소외되지 않고 즐겁게 참여하기
- 자기가 원하는 것을 말로 표현하기
- 독립적으로 학교생활 하기

(나) 요구 분석 및 지원 계획

1. ㉠기능적 생활 중심 교육과정을 계획할 때, 민호의 발달연령보다 생활연령을 고려할 것

2. ㉡일상생활 속에서 민호에게 도움을 줄 수 있는 사물이나 사람(예; 같은 반 친구 등)을 파악하여 수업과 생활환경에서 활용할 것

3. 민호가 수업에서 배운 기능적 기술들을 여러 환경에서 일반화할 수 있도록 지도할 것
   - ㉢수업에서 배운 기능적 기술을 실생활에 모두 적용할 수 없다는 점을 전제하여, 민호가 배운 내용을 다양한 환경에서 일반화할 수 있는지 확인하고 평가해 볼 필요가 있음

4. 현재는 ㉣과제분담학습 I(Jigsaw I)을 적용하고 있으나, 민호와 같은 팀이 되는 것을 학급 친구들이 좋아하지 않음
   - 협동학습의 유형 중 ㉤능력별 팀 학습(Student Teams-Achievement Divisions : STAD)을 적용해 볼 필요가 있음

5. 협동학습 수업의 '모둠별 학습' 단계에서 모둠 구성원들이 협동해서 과제를 해결해야 하는데 민호가 잘 참여하지 않는 경우가 많음
   - ㉥민호가 집단의 구성원으로 협동학습 과정에서 자신의 역할을 제대로 알고 집단의 문제해결 과정에 적극적으로 참여해야 함을 알려 줄 필요가 있음

1) ① (가)의 [A]에 해당하는 일상생활 활동의 유형을 쓰고, ② (나)의 ㉠의 이유를 1가지 쓰시오. [2점]

   ① :

   ② :

2) ① (나)의 ㉡에 해당하는 지원의 유형을 쓰고, ② 교육과정을 구성하고 운영하기 위한 기본 전제 중에서 (나)의 ㉢에 해당하는 개념을 쓰시오. [2점]

   ① :

   ② :

3) ① (나)의 ㉣과 비교하여 민호에게 ㉤이 효과적인 이유를 보상의 측면에서 1가지 쓰고, ② (나)의 ㉥에 해당하는 자기옹호 기술을 쓰시오. [2점]

   ① :

   ② :

핵심테마 체크 ✓

• 협동학습
• 협동학습의 요소

MY MEMO

정답 및 예시답안

1) 집단 보조 개별학습 모형(팀 보조 개별학습, TAI)
2) • 수학은 개별 학생의 적합한 수준에서 학습하는 것이 필요하기 때문에 이 모형이 적합하다.
   • 개별과제의 80%까지 도달하도록 또래와 함께 형성평가를 반복하도록 하므로 수학의 기능을 향
     상시키는 데 도움이 된다.
3) • 요소(원리) : 개별 책무성
   • 문제점 : 무임승차를 막을 수 있다.

관련이론

✦ **팀 보조 개별학습**

1) 배치 검사와 집단 구성	• 수업을 시작하기 전에 사전 검사를 통하여 각 학생의 수준에 적합한 수준을 평가하여 집단을 구성함
2) 학습안내지와 문항지 배부	• 학습안내지에는 학생들이 집단에서 학습할 절차와 학습내용이 적혀 있음 • 또 4개의 문항이 기술된 기능 훈련 문항지 4장과 10개의 문항으로 구성된 2장의 형성평가지도 배부됨
3) 집단 학습	• 집단 구성원들은 자신의 집단 내에서 서로의 학업 정도를 점검하기 위해 2명 또는 3명씩 짝을 정해 먼저 기능 훈련지로 문제를 해결함 • 4문항으로 된 각 장을 해결하고 나면 정답지를 가지고 가서 또래의 점검을 받음. 모두 맞았으면 형성평가 단계로 넘어가고, 틀렸으면 또 다른 묶음의 4문제를 품 • 이런 식으로 기능 훈련 문제지 한 묶음(4문제)을 모두 맞힐 때까지 계속함 • 만약 이 과정에서 어려움이 있으면 동료에게 도움을 청하고, 그래도 안 되면 교사에게 도움을 청함 • 형성평가에서 80% 이상 도달하면 집단에서 주는 합격증을 받고 단원평가를 치름
4) 집단 교수	• 교사는 아동이 학습하는 5~15분간 각 집단에서 동일 수준의 학생을 직접 교수함
5) 집단 점수와 집단 보상	• 교사는 매주 말에 집단 점수를 계산함 • 집단 점수는 각 집단 구성원이 해결한 평균 단원 수와 단원평가의 점수를 기록해서 계산함 • 결과에 따라 집단에게 보상함

고득점 답안 비법 ✪ 문제에 주어진 내용은 팀 보조 개별학습(TAI)의 주요 절차를 구체적으로 제시하고 있으므로 이 내용을 TAI를 적용하는 절차의 예시로 알아둘 것

✪ TAI의 특징과 수학교과의 특징을 연결 지어 판단할 것

41

핵심테마 체크 ✓

• 협동학습
• 자폐학생을 위한 시각적 지원
• 미리 보여주기

MY MEMO

정답 및 예시답안

○ ㉠ 개별적 수준에 맞는 학습지
○ ㉡ 기능 훈련 문항지를 모두 맞힌 후, 형성평가지에서 80% 이상 도달하면, 단원평가를 치르고 이를 통해 개별 점수를 산출한다.
○ ㉢ / 학생 C는 또래도우미의 도움이 의존하는 특성을 보이며, 촉진은 점차 용암 시켜야 하므로 부적절함
○ ㉯ / 학생 C는 활동이나 장소를 옮겨 가는 데 어려움을 보이므로, 자리를 수시로 바꾸는 것은 부적절함

알찬 지문풀이

• ㉣ 전체 일과와 세부 활동에 대하여 시각적 단서를 제공함 ➡ 자폐성장애이므로 시각적 강점을 활용
  하기 위한 것

• ㉤ 수업 시작 전이나 수업이 끝난 후 수업내용을 칠판에 적어 놓거나 관련 자료를 제공함 ➡ 자폐성
  장애이며, 수업에 별다른 관심을 보이지 않는 특성이 있으므로 수업내용을 미리 보여주는 것은 적절함

40

다음은 김 교사가 초등학교 4학년 수학 시간에 실시한 협동학습과 관련된 내용이다. 이 수업에 통합되어 있는 경아는 특수교육대상학생으로 수학에 어려움을 보이고 있다. 물음에 답하시오. [5점]

〈집단 구성 및 학습 자료〉
• 학급 학생을 대상으로 개별 진단 및 배치 검사를 실시함
• 4~5명씩 이질적인 학습 집단(A, B, C, D)으로 구성함
• 각 학생의 학습 속도 및 수준에 적합한 학습 자료를 제공함

〈학습 집단〉
• 학생은 각자 자기 집단에서 개별 학습 과제를 수행함
• 문제 풀이에 어려움이 있으면 자기 집단의 친구에게 도움을 청함
• 학습 과정이 끝난 후, 학생은 자신의 학습 정도를 평가하기 위해 준비된 문제지를 풂
• 집단 구성원들은 답지를 교환하고 답을 점검한 후, 서로 도와 틀린 답을 고침

〈교수 집단〉
교사가 각 집단에서 같은 수준의 학생을 불러내어 5~15분간 직접 가르침

〈평가〉
㉠ 각 학생의 수행 결과는 학생이 속해 있는 집단과 학생 개인의 평가에 반영함

---

1) 위에서 실시한 협동학습 유형이 무엇인지 쓰시오.
[1점]

2) 위의 협동학습 유형이 수학에 어려움을 보이는 경아와 같은 학생들에게 적절한 이유 2가지를 쓰시오. [2점]

3) 위의 ㉠에 나타난 협동학습 요소(원리)를 쓰시오. 그리고 이 요소(원리) 때문에 방지될 수 있는 '협동학습 상황에서의 문제점'은 무엇인지 쓰시오. [2점]

• 요소(원리) :

• 문제점 :

41

다음은 A중학교에서 학기 초 교직원 연수를 위해 준비한 통합교육 안내자료 중 일부이다. 〈작성 방법〉에 따라 서술하시오. [4점]

〈2017학년도 A중학교 1학년 통합교육 계획안〉

1. 특수교육 대상학생 현황

반	이름	장애 유형	행동 특성
2	B	지적 장애	• 교사의 지시를 잘 따르고 적극적임 • 주변 사람들과 친하게 잘 지냄
4	C	자폐성 장애	• 수업에 별다른 관심이 없어 보임 • 하나의 활동이나 장소에서 다른 활동이나 장소로 옮겨 가는 데 문제를 보임 • 모둠 활동 시 또래도우미의 도움에 의존함

2. 교수 적합화 계획

학생 B	과목 : 수학	방법 : 교수 집단 적합화

팀 보조 개별학습(TAI)

[1] 모둠 구성 : 개별학생의 수준을 파악한 후, 4~6명의 이질적인 학생들로 모둠을 구성함
[2] 학습지 준비 : (㉠)
[3] 학습 활동 : 모둠 내에서 학습지 풀이를 하는 동안 필요 시 교사와 또래가 도움을 제공함
[4] 개별 평가 : (㉡)
[5] 모둠 평가 및 보상 : 모둠 점수를 산출하고 기준에 따라 모둠에게 보상을 제공함

학생 C	과목 : 과학	방법 : 교수 자료 및 방법 적합화

㉢ 모둠 활동 시간에 또래도우미는 학생 C에 대한 언어 촉진을 점진적으로 증가시킴
㉣ 전체 일과와 세부 활동에 대하여 시각적 단서를 제공함
㉤ 수업 시작 전이나 수업이 끝난 후 수업내용을 칠판에 적어 놓거나 관련 자료를 제공함
㉥ 모둠 활동 시 학생의 자리는 수시로 바꾸어 가며 진행함

… (하략) …

〈작성방법〉
• ㉠에 들어갈 학습지의 특성을 1가지 제시할 것
• ㉡에 들어갈 개별 평가 방법을 1가지 서술할 것
• 학생 C의 특성에 근거하여 ㉢~㉥ 중 적절하지 않은 것 2가지의 기호를 적고, 그 이유를 각각 1가지 서술할 것

42

정답 및 예시답안

1) 진로와 직업
2) 종합적 전환교육 모형
3) 자율적 협동학습 모형(Co-op Co-op)
4) ㉣ 다양한 참여수단의 제공
   ㉤ 다양한 정보제시 수단의 제공

알찬 지문풀이

- 〈활동 1〉 전체학급 토의 및 소주제별 모둠 구성
- 〈활동 2〉 모둠 내 더 작은 소주제 생성과 자료 수집 분담 및 공유
- 〈활동 3〉 모둠별 보고서 작성과 전체학급 대상 발표 및 정보 공유
➡ 자율적 협동학습 모형(Co-op Co-op)의 근거

관련이론

✦ 종합적 전환교육 모형

가정	• 진로개발과 전환서비스는 모든 사람들에게 필요 • 한 사람의 진로는 한 가족 구성원, 시민 및 근로자로서의 일생을 통한 한 개인의 진보 혹은 전환 • 모든 사람을 위한 생애-진로개발 및 전환계획과 훈련은 유아기에 시작되어 성인기까지 지속되어야 함		
의미	• 진로발달과 전환교육 모델이 인생에 있어서 한 번의 전환만 있는 것이 아니라 여러 번의 전환이 있다는 것을 특징으로 다룸		
지식과 기술 영역들	**지식과 기술 영역들**	**발달/생애단계**	**전환 진출 시점(수료점)**
	• 의사소통과 학업수행 • 자기결정 • 대인관계 • 건강과 체력 • 독립적·상호의존적 일상생활 • 여가와 레크리에이션 • 고용 • 고등학교 이후 교육과 훈련	영·유아기 및 가정훈련	학령 전 프로그램과 통합된 지역사회 참여로 진출
		학령 전 교육기관 및 가정훈련	초등학교 프로그램과 통합된 지역사회 참여로 진출
		초등학교	중학교 프로그램이나 연령에 적합한 자기결정과 통합된 지역사회 참여로 진출
		중학교	고등학교 프로그램, 초보 고용, 연령에 적합한 자기결정과 통합된 지역사회로 진출
		고등학교	중등 이후 교육이나 초보 고용, 성인·평생교육, 전업주부, 자기결정을 통한 삶의 질과 통합된 지역사회 참여로 진출
		중등 이후 교육	특수 분야, 기술직, 전문직, 혹은 관리직 고용, 대학원이나 전문학교 프로그램, 성인·평생교육, 전업주부, 자기결정을 통한 삶의 질과 통합된 지역사회 참여로 진출

✦ 자율적 협동학습(Co-op Co-op)

- 학생들로 하여금 그들 자신이 학습과제를 선택하도록 하고 자신과 동료들의 평가에 참여하도록 허용하는 유형
- 먼저 교사-학생 간의 토의를 통해서 학습과제를 정하고, 교사가 이질적인 학생팀을 구성
- 팀이 구성되면 각 팀은 주제를 선정하고 하위부분으로 나누어 구성원들이 그들의 흥미에 따라 분담을 한 후, 정보를 수집
- 그 다음 각자가 학습했던 소주제들을 팀 구성원들에게 제시한 후 종합하여 팀의 보고서를 만들고 이것을 다시 전체 학급에 제시
- 마지막으로 평가 단계에서 3가지 수준에서 평가가 이루어짐. 즉, 팀 동료에 의한 팀 기여도 평가, 고사에 의한 소주제 학습 기여도 평가, 그리고 전체 학급 동료들에 의한 팀 보고서평가가 이루어짐

42 | 2015. 초

(가)는 초등학교 6학년 정신지체학생 연우가 소속된 통합학급 최 교사와 특수학급 김 교사가 나눈 대화이고, (나)는 최 교사가 작성한 '2009 개정 교육과정' 실과 교수·학습 과정안의 일부이다. 물음에 답하시오. [5점]

(가) 대화 내용

최 교사:	다음 주 실과 수업 시간에는 '다양한 직업의 세계'에 대해 공부할 거예요. 연우의 수업 참여를 위해 제가 특별히 더 계획해야 할 것이 있을까요?
김 교사:	선생님께서 늘 하시는 대로 보편적학습설계(UDL) 원리의 지침을 잘 적용하여 수업을 계획하시면 될 것 같아요. 다만 연우와 같은 정신지체학생에게 실과 교과는 조기 전환교육의 필요성에 부응하기 위한 과목이고, 특수교육 기본 교육과정에서는 중학교의 (㉠) 교과와도 연계되어 있는 과목이라는 점을 염두에 두시면 좋겠네요.
최 교사:	그렇군요. 저는 전환교육이 학교 졸업 후 성인기 생활에 잘 적응할 수 있도록 고등학교에서 실시하는 교육인 줄 알았어요.
김 교사:	꼭 그렇지만은 않아요. 예를 들어, ㉡클라크(G. M. Clark)는 개인은 발달 단계에 따라 전환을 여러 번 경험한다는 점을 강조해요. 또 성공적인 전환을 위해 의사소통 및 학업성취, 자기결정, 대인관계, 고용 등을 포함한 9개의 지식과 기술 영역을 각 발달 단계에 맞게 성취해야 할 전환교육의 영역으로 보지요.
최 교사:	그렇다면 제가 이번 수업에 적용하려고 하는 협동학습도 연우의 성공적인 전환을 위한 지식과 기술 습득에 도움이 될 것 같네요.

(나) 교수·학습 과정안

학습 목표	• 여러 가지 직업을 조사하여 특성에 따라 분류할 수 있다. • 여러 가지 직업이 있음을 설명할 수 있다.	
단계	㉢교수·학습 활동	보편적학습설계(UDL) 지침 적용
도입	(생략)	
전개	〈활동 1〉 전체학급 토의 및 소주제별 모둠 구성 • 전체학급 토의를 통해서 다양한 직업분류기준 목록 생성 • 직업분류기준별 모둠을 생성하고 각자 자신의 모둠을 선택하여 참여	• 직업의 종류와 특성을 토의할 때 필수적으로 알아야 할 어휘를 쉽게 설명한 자료를 제공함 • ㉣흥미와 선호도에 따라 소주제를 스스로 선택하게 함
	〈활동 2〉 모둠 내 더 작은 소주제 생성과 자료 수집 분담 및 공유 • 분류기준에 따라 조사하고 싶은 직업들을 모둠 토의를 통해 선정 • 1인당 1개의 직업을 맡아서 관련된 자료 수집 • 각자 수집한 자료를 모둠에서 발표하고 공유	• 「인터넷 검색절차지침서」를 컴퓨터 옆에 비치하여 자료 수집에 활용하게 함 • ㉤발표를 위해 글로 된 자료뿐만 아니라 사진과 그림, 동영상 자료 등 다양한 매체를 이용하게 함
	〈활동 3〉 모둠별 보고서 작성과 전체학급 대상 발표 및 정보 공유 • 모둠별 직업분류기준에 따른 직업 유형 및 특성에 대한 보고서 작성 • 전체학급을 대상으로 모둠별 발표와 공유	• 모둠별 발표 시 모둠에서 한 명도 빠짐없이 각자가 할 수 있는 역할을 갖고 협력하여 참여하게 함

1) (가)의 ㉠에 들어갈 교과명을 쓰시오. [1점]

2) (가)의 ㉡에서 설명하는 모델 명칭을 쓰시오. [1점]

3) (나)의 ㉢에서 적용한 협동학습의 명칭을 쓰시오. [1점]

4) (나)에서 최 교사가 사용한 ㉣과 ㉤은 응용특수공학센터(CAST)의 보편적학습설계(UDL)의 원리 중 어떤 원리를 적용한 것인지 각각 쓰시오. [2점]

㉣ :

㉤ :

핵심테마 체크 ✓

• 중복 교육과정
• 협동학습
• 보편적 학습설계

(MY MEMO)

43

| 정답 및 예시답안 |

○ ㉠은 중복 교육과정이고, 대안 교육과정은 학급에 적용하는 교육과정과 다른 교육과정을 적용하는 것이고, 중복 교육과정은 학급에 적용하는 교육과정에 따른 활동 안에서 학습이 일어나도록 하는 차이점이 있다.

○ ㉡은 자율적 협동학습(Co-op Co-op)이다.

○ ㉢에 해당하는 원리는 다양한 행동과 표현수단 제공하기이다.

| 알찬 지문풀이 |

• 학생 A의 경우에는 같은 활동에 참여하더라도 동일한 교과 목표를 가질 필요는 없습니다. 사회과의 목표는 아니더라도 수업 시간에 같은 활동을 하면서 친구들과 말을 주고받는 의사소통 능력 향상에 목표를 둘 수 있습니다. ➡ 같은 활동을 하지만 사회과와 의사소통 영역이라는 각기 다른 교과에서의 목표를 설정함

• 네, 호기심과 흥미를 가지고 적극적으로 참여할 수 있는 협동 학습이 있어요. '(㉡)'은/는 교사와 학생이 토의하여 학습할 주제를 선정합니다. 그리고 자신이 원하는 주제를 선택하고, 원하는 모둠에 들어가서 소주제를 분담한 후 조사한 결과를 발표합니다. 그런 다음 전체 학급에서 발표할 보고서를 준비하여 전체 학생들 앞에서 발표합니다. ➡ 위 지문에서의 '소주제'는 모둠 내에서 하위 주제를 다시 나눈 '미니 주제'의 의미로 봐야 함

• ㉢ 학생 B가 사진이나 그림, 영상 등을 가지고 전체 학생 앞에서 발표를 하거나 결과물을 제시할 수 있도록 지원 ➡ 학생이 발표를 할 때 표현하는 다양한 방법

| 관련이론 |

✦ 중다수준 교육과정과 중복 교육과정

중다수준 교육과정	• 장애학생과 일반 또래들이 과학실험과 같이 함께하는 활동에 참여할 때 이루어짐 • 학생들은 같은 교과 영역 내의 여러 수준의 교육목표 • 고전적인 교육목표의 위계 개념이 기초 • 한 학생은 기초적인 지식이나 이해 수준에서 학습할 때, 다른 학생은 보다 심화된 적용이나 종합 수준에서 배울 수 있음
중복 교육과정	• 장애학생과 일반학생이 각자의 개별화된 교수목표를 가지고 교육활동에 참여하는 것 • 개별화된 학습목표가 둘 이상의 교육 영역에서 나온다는 점이 같은 교과 영역 내에서의 수준 차이만을 가지는 중다수준 교수와의 차이 • 교육과정 중복을 고려하기 전에 일반 또래들과 같은 목표나 중다수준 교수목표를 고려할 수 있는지를 먼저 생각해 보는 것이 중요함

공통점과 차이점	구분	중다수준 교육과정/교수	교육과정 중복
	차이점	• 학습목표와 학습결과들은 동일한 교과목(例 사회, 과학, 수학) 안에 있고, 학생들은 학습량과 난이도를 감당해야 한다.	• 같은 교실 안의 일반학생들이 교과(例 과학, 수학, 역사 등)에 목표를 둔다면 장애학생들의 학습목표는 다른 영역, 예를 들어 의사소통, 사회화 또는 자기관리능력 등이 될 수 있다.
	공통점	• 동일한 연령의 다양한 학습 수준을 가진 학생들이 수업을 한다. • 정규학습활동 안에서 학습이 일어난다. • 각각의 학습자들이 적절한 수준의 난이도로 개별화된 교수학습목표를 가진다.	

| 고득점 답안 비법 | ✗ 중복 교육과정과 대안 교육과정의 기본 개념을 정확히 반영하여 차이점을 서술할 것

43 |

2024. 중
★답안작성

다음은 지적장애 학생 A와 B를 지도하는 특수 교사와 통합학급 교사의 대화이다. 〈작성 방법〉에 따라 서술하시오. [4점]

| 통합학급 교사: | 사회 수업 시간에 우리나라의 세계 자연 유산과 매력적인 자연 경관에 대해 조사하는 것을 목표로 자료 수집 활동을 하는데, 학생 A는 의사소통이 쉽지 않아 수업 참여를 잘 하지 못합니다. 학급의 전체 학생이 동일한 목표로 같은 활동에 참여하면 좋겠는데, 학생 A는 어려움이 많네요. |

특 수 교 사: 그러시군요. 학생 A의 경우에는 같은 활동에 참여하더라도 동일한 교과 목표를 가질 필요는 없습니다. 사회과의 목표는 아니더라도 수업 시 [㉠] 간에 같은 활동을 하면서 친구들과 말을 주고받는 의사소통 능력 향상에 목표를 둘 수 있습니다.

통합학급 교사: 네, 그럴 수 있겠군요. 그런데 우리 반에 학생 A뿐만 아니라 학생 B도 있어요. 학생 B는 소극적이고 사람들 앞에서 말하는 것을 힘들어해요. 선생님께서 얼마 전 협동 학습 연수를 받으셔서 여쭙고 싶습니다. 세계 자연 유산을 조사하는 시간에 학생 B가 참여할 수 있는 협동 학습 방법이 있을까요?

특 수 교 사: 네, 호기심과 흥미를 가지고 적극적으로 참여할 수 있는 협동 학습이 있어요. '(㉡)'은/는 교사와 학생이 토의하여 학습할 주제를 선정합니다. 그리고 자신이 원하는 주제를 선택하고, 원하는 모둠에 들어가서 소주제를 분담한 후 조사한 결과를 발표합니다. 그런 다음 전체 학급에서 발표할 보고서를 준비하여 전체 학생들 앞에서 발표합니다.

통합학급 교사: 그러면 평가는 어떻게 하나요?

특 수 교 사: 평가는 교사가 학생들의 소주제에 대한 학습 기여도를 평가하고, 학생들은 모둠 내 기여도 평가와 전체 동료에 의한 모둠 보고서 평가를 할 수 있습니다.

통합학급 교사: 학생 B가 적극적으로 참여하여 발표할 수 있도록 하는 방법이 있을까요?

특 수 교 사: ㉢ 학생 B가 사진이나 그림, 영상 등을 가지고 전체 학생 앞에서 발표를 하거나 결과물을 제시할 수 있도록 지원하면 좋을 것 같습니다.

작성방법

• ㉠과 같은 교육과정 운영 방식을 쓰고, '대안 교육과정'과의 차이점을 1가지 서술할 것
• 괄호 안의 ㉡에 해당하는 협동 학습의 유형을 쓸 것
• 밑줄 친 ㉢에 해당하는 보편적 학습 설계의 원리를 1가지 쓸 것 [단, 응용특수공학센터(CAST, 2011)의 보편적 학습 설계 가이드라인에 근거할 것]

정답 및 예시답안

1) 활동중심 삽입교수
2) 유치원 C
3) ① 사회성이 우수하고, 장애 유아와 부정적인 상호작용 경험이 없다는 점을 고려하였다.
   ② 교사는 또래교수 과정을 관찰하고, 피드백을 제공한다.

관련이론

✦ 활동중심 삽입교수

의미	• 목표기술을 자연스러운 일과활동 내에서 수행할 수 있도록 활동 속에 삽입하는 것을 말하며, 학생의 수행 정도에 따라 연습시수를 정하여 일과 내에 분산하여 시도할 수 있도록 계획됨
장점	• 학생이 소속된 학급 운영과 활동 진행에 큰 변화를 요구하지 않음 • 학생을 별도로 분리해서 교육할 필요 없이 일반적인 학급 운영의 틀 내에서 교수할 수 있음 • 학급 내 자연적인 환경에서 교수가 일어나기 때문에 새로 습득한 기술의 즉각적이고 기능적인 사용능력을 증진시킬 수 있음 • 학생의 하루 일과 및 활동 전반에 걸쳐 삽입학습기회가 체계적으로 제공됨으로써 새롭게 학습한 기술의 사용능력이 다양한 상황으로 일반화될 수 있음

	단계	활동
실행단계	1단계 교수목표 점검 및 수정	• 개별화교육계획의 교수목표 검토 • 일과 및 활동의 활동목표 검토
	2단계 학습기회 구성	• 일과 및 활동 분석을 통한 학습기회 판별 • 삽입교수를 위한 일과 및 활동 선정
	3단계 삽입교수 계획	• 삽입교수를 위한 교수전략 및 실행계획
	4단계 삽입교수 실행	• 활동의 진행 중 삽입교수 실행 • 삽입교수의 중재 충실도 점검
	5단계 삽입교수 평가	• 학생의 진도에 대한 정기적인 점검 • 자료기반의 프로그램 평가

고득점 답안 비법 ✗ '또래주도 중재'에 근거하여 상황을 파악하고, 또래주도 전략에서 또래를 선정할 때 고려할 점 중 (나)의 [D]와 관련되는 사항을 답안으로 쓰는 것

✗ 〈유아특수교육개론, 이소현, 학지사〉: 일반적으로 또래주도 중재를 위해서는 전형적인 발달을 보이는 같은 학급의 유아 중에서 사회성이 우수하고 장애 유아와 부정적인 상호작용의 경험이 없으면서 출석률이 높고 교사의 교수에 잘 집중할 수 있고 지시를 잘 따르는 유아를 또래로 선정하게 되며, 선정된 또래는 교수의 중요한 부분을 역할하게 된다.

44 | 2024. 유

(가)는 5세 발달지체 유아 재희의 활동-기술 도표의 일부이고, (나)는 통합학급의 놀이 장면이며, (다)는 또래교수 전략을 적용한 과정의 일부이다. 물음에 답하시오. [5점]

(가)

재희의 활동–기술 도표		

• 개별화교육계획의 목표행동을 일과/놀이 중에 연습할 기회를 다양하게 제공한다.
• 영역 : 의사소통

일과/놀이 ＼ 목표	두 단어로 말하기	친구를 바라보며 말하기
등원 및 인사	✓	✓
자유 놀이	✓	✓
점심 식사	✓	
바깥 놀이	✓	✓
인사 및 하원	✓	✓

(나)

미 나 : (나무 블록으로 쌓기놀이를 하고 있다.)
상 우 : 재희야, 무슨 놀이 해?
재 희 : (상우를 바라보며) 기차놀이!
박 교사 : (재희를 보며) 기차놀이 해.   [A]
재 희 : 기차놀이 해.
상 우 : 재희야, 오늘도 나랑 같이 놀까?
재 희 : (반기는 듯 미소 짓는다.)

… (중략) …

(유아들의 기차놀이에 대한 관심과 흥미가 커짐에 따라 교사는 새 노래로 '간다 간다'를 알려 주고, 노랫말에 따른 그림 만들기 활동을 한다.)

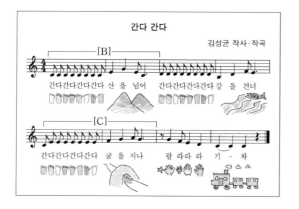

간다 간다
김성균 작사·작곡

[B] 간다간다간다간다간다 산 을 넘어 간다간다간다간다간다 강 을 건너

[C] 간다간다간다간다간다 굴 을 지나 랄 라 라 라 기 - 차

김 교사 : 우리 아이들이 '간다 간다 기차놀이'라고 이름까지 붙여 가며 놀이를 계속 발전시켜 가네요. 놀이를 할 때 재희는 주로 상우만 바라보며 참여하더라고요.
박 교사 : 재희가 기차놀이에 조금이나마 참여할 수 있는 것은 상우의 역할이 커요.
김 교사 : 네. 상우는 아이들과 기차놀이를 할 때 바닥에 종이테이프로 기찻길을 만드는 아이디어를 내기도 하고, 친구들과 역할을 나누기도 했지요. 놀이 규칙을 정할 때에도 친구들이 의견을 낼 수 있게 잘 배려했어요. 이런 모습 때문인지 우리 반 아이들이 모두 상우를 좋아해요.   [D]
박 교사 : 그런데 얼마 전에 상우가 재희랑 놀 때 어떻게 해야 하는지 궁금해했어요. 재희가 다른 친구들하고도 즐겁게 놀이할 수 있는 방법을 알려 주고 싶대요.

(다)

또래교수 적용과정	교사의 행동
목표 설정	(생략)
또래교수자 선정	• 상우를 선정함
또래교수자 훈련	• 상우에게 또래교수자 역할을 명시적으로 지도함
실행	• 상우가 또래교수를 실행하는 동안 (㉠)
평가	• 재희의 놀이 기술 향상도를 분석함

1) (가)와 (나)의 [A]를 참고하여 박 교사가 적용한 교수 전략을 쓰시오. [1점]

2) (나)의 악보를 참고하여 ① [B]의 '가락의 흐름'에 나타난 음악 요소를 1가지 쓰고, ② [C]에 나타난 '음역'의 특징을 쓰시오. [2점]

   ① :

   ② :

3) ① (나)의 [D]를 참고하여 교사들이 상우를 또래교수자로 선정할 때 고려한 기준을 1가지 쓰고, ② (다)의 ㉠에 해당하는 교사의 행동을 쓰시오. [2점]

   ① :

   ② :

脈 테마별 기출분포도

테마		연도별 기출분포	셀프체크
평가의 개념 및 단계	평가의 6단계	⑨유 ⑨초 ⑰유	☐☐☐☐☐
	선별 단계의 오류	⑬유 ⑮유 ㉓유	☐☐☐☐☐
	대안적 사정_ 역동적 사정	⑲중	☐☐☐☐☐
측정의 기본개념	표준화	⑬중 ⑮초	☐☐☐☐☐
	점수의 유형	⑩초 ⑩중 ⑪유 ⑪초 ⑫초 ⑫중 ⑭중 ❸유 ⑱유 ⑰초 ⑲초 ⑳초 ⑳중 ㉒초 ㉓초 ㉓중	☐☐☐☐☐
	타당도	⑩중 ⑫유 ⑱중 ㉒초	☐☐☐☐☐
	신뢰도	⑭중 ⑫유 ⑳중	☐☐☐☐☐
사정방법	규준/준거참조검사	⑬중 ❸유 ⑱초 ⑲초 ⑳중	☐☐☐☐☐
	관찰	⑬중 ㉒초	☐☐☐☐☐
	면접	⑬중 ⑯초 ㉔유	☐☐☐☐☐
	CR-CBA	⑪초	☐☐☐☐☐
	CBM	⑪중 ⑬초 ⑮중 ⑰초 ㉑중 ㉔초	☐☐☐☐☐
	수행평가 및 포트폴리오	⑨유 ⑨초 ⑪중 ⑭유 ㉓초	☐☐☐☐☐
	루브릭	⑰초	☐☐☐☐☐
검사도구	주요 검사도구의 내용	⑨유 ⑨중 ⑩초 ⑪유 ⑪초 ⑫중 ⑬중 ❸중 ⑱유 ⑱초 ㉒중 ㉓중 ㉔중	☐☐☐☐☐

특수교육평가

01

정답 및 예시답안

④

알찬 지문풀이

- ① 교육프로그램 계획은 학생의 장애 여부와 특성 및 정도에 관한 정보를 파악하는 것이다. ➡ 진단
- ② 선별(screening)은 개별화교육계획 작성에 필요한 학생의 현행 수준을 파악하는 것이다. ➡ 프로그램 계획 및 배치 단계에서 학생의 현행 수준을 파악하기 위하여 교육적으로 실시하는 진단(여기에서의 진단은 장애명을 진단하기 위한 2단계의 진단을 의미하는 것이 아님)
- ③ 진도 점검 및 프로그램 평가는 학기 초에 학생의 잠재능력에 관한 정보를 파악하는 것이다. ➡ 진도 점검은 형성평가, 프로그램 평가는 총괄평가
- ⑤ 진단은 프로그램 실시 중 프로그램의 효과를 파악하기 위하여 필요할 때마다 학생의 진전에 관한 정보를 수집하는 것이다. ➡ 형성평가

관련이론

단계	의사결정
선별	**아동을 더 심층적인 평가에 의뢰할 것인가를 결정** 선별이란 더 심층적인 평가가 필요한 아동을 식별해 내는 과정이다. 선별에서 사용되는 사정도구들은 제한된 수의 문항으로 아동의 수행이나 행동을 사정하도록 고안되므로, 선별을 위한 사정도구를 실시하는 데는 보통 15~20분 정도가 소요된다. 주로 표준화된 규준참조검사가 실시된다.
진단	**아동이 장애를 가지고 있는가. 그렇다면, 장애의 원인은 무엇인가를 결정** 진단이란 어떤 상태의 특성과 원인을 파악하는 과정이라고 할 수 있다. 아동이 장애를 가지고 있는지, 그 장애의 원인은 무엇인지에 대해 결정하는 과정이다. 선별에 비해 많은 수의 문항을 활용하고, 다양한 사정방법을 통한 포괄적인 사정이 이루어지며, 사정을 실시하는 사람의 자격도 더 제한된다. 진단은 특정 장애의 유무와 함께 장애의 원인을 파악하는 데에도 중요하며, 이는 적절한 중재나 교육 프로그램의 계획을 위한 유익한 정보를 제공한다.
적격성	**아동이 특수교육대상자로 적격한가를 결정** 특수교육대상자로서 적격한가를 결정하는 과정이다. 즉, 이전 단계인 진단과정에서 아동이 장애를 가진 것으로 판명되었다 하더라도 특수교육대상자로 반드시 선정되는 것은 아님을 의미한다. 특수교육대상자로 선정되기 위해서는 장애인 등에 대한 특수교육법에 제시된 선정기준에 적합해야 한다.
프로그램 계획 및 배치	**아동에게 어떤 교육 및 관련서비스를 어디에서 제공할 것인가를 결정** 아동이 특수교육대상자로 선정이 되고 나면 아동에게 제공될 교육이나 관련서비스에 대한 프로그램을 계획한다. 이 단계에서 개별 아동의 특성과 요구에 맞는 개별화교육 프로그램을 작성한다.
형성평가	**아동이 적절한 진전을 보이는가를 결정** IEP 작성과 배치가 이루어진 다음 교수-학습이 시작되고 나면, 아동의 진전에 대한 지속적인 평가를 실시하여 적절한 진전을 보이고 있는가에 대해 결정을 해야 한다. 형성평가란 교수-학습이 진행되는 과정에서 아동의 진전을 점검하고 필요한 경우 교육과정이나 교수방법을 개선시키기 위해 실시하는 평가라 할 수 있다.
총괄평가	**아동이 예상된 진전을 보였는가를 결정** 지속적인 형성평가와 함께 교수-학습활동이 이루어지고 나면 이에 대한 종합적 평가인 총괄평가를 실시한다. 일정 단위의 프로그램이 실시된 후에 프로그램의 목표 달성 기준에 비추어 프로그램의 결과에 대한 가치를 평가한다.

02

정답 및 예시답안

1) • 오류 종류: 위음
   • 문제점: 특수교육이 필요함에도 불구하고 의뢰되지 않아 교육 서비스를 받지 못할 수 있다.
2) 특수학교의 유치원 과정 / 영아학급
3) 특수학교 유치원교사 자격증을 소지한 사람으로서 유치원 과정 담당 경력이 3년 이상인 사람(법 개정 후: 유치원교사 자격증을 소지한 사람)

01

특수교육에서의 진단 · 평가 단계에 관한 진술로 바른 것은?

① 교육프로그램 계획은 학생의 장애 여부와 특성 및 정도에 관한 정보를 파악하는 것이다.

② 선별(screening)은 개별화교육계획 작성에 필요한 학생의 현행 수준을 파악하는 것이다.

③ 진도 점검 및 프로그램 평가는 학기 초에 학생의 잠재능력에 관한 정보를 파악하는 것이다.

④ 적격성 판정은 학생의 장애 유형과 정도가 특수교육대상자 선정기준에 부합한지를 결정하는 것이다.

⑤ 진단은 프로그램 실시 중 프로그램의 효과를 파악하기 위하여 필요할 때마다 학생의 진전에 관한 정보를 수집하는 것이다.

02

다음은 장애 영아의 교육 지원에 관한 내용이다. 물음에 답하시오. [5점]

> (가) 「국민건강보험법」의 '영유아건강검진'의 선별검사 결과, 지우의 발달에는 특별한 문제가 없는 것으로 나타났다. 그런데 지우 어머니는 여전히 지우가 2세의 또래 영아에 비해 발달이 지체되었다고 생각하여 장애진단 검사를 받았다. 그 결과 지우는 장애가 있는 것으로 밝혀졌다.
>
> (나) 어머니는 지우에게 장애 영아 조기교육을 받게 하고 싶어 교육장에게 조기교육을 요구하였다. 요구를 받은 교육장은 특수교육지원센터의 진단 · 평가 결과를 기초로 지우를 특수교육대상자로 선정 · 배치하였다.

1) (가)에 나타난 선별검사의 오류 종류를 쓰고, 그로 인해 야기될 수 있는 문제점을 쓰시오. [2점]

   • 오류 종류 :

   • 문제점 :

2) (나)에서 교육장이 지우를 배치할 수 있는 적절한 교육기관을 「장애인 등에 대한 특수교육법」에 근거하여 2가지 쓰시오. [2점]

3) 「장애인 등에 대한 특수교육법 시행령」에 의거하여 지우를 담당할 수 있는 교원의 자격 조건을 쓰시오. [1점]

03

정답 및 예시답안

1) ① 위음
   ② 선우가 필요로 하는 교육적 지원이나 서비스를 조기에 제공받지 못하게 된 것이다.
2) ⓒ 장애인 등록 여부와 관련 없이 특수교육지원센터에 진단·평가를 의뢰할 수 있다.
   ⓒ 교육장이 특수교육대상자로 선정
3) 가족지원

관련이론

✦ **평가의 단계**

1) 선별	• 더 심층적인 평가에 의뢰할 것인가를 결정 ✦ 선별의 가능한 결과 4가지

구분		더 심층적인 평가로의 의뢰 여부	
		의뢰됨	의뢰되지 않음
특수교육 필요 여부	필요함	A	C (위음 : false negative)
	필요하지 않음	B (위양 : false positive)	D

2) 진단	• 장애를 가지고 있는가, 그렇다면 장애의 원인은 무엇인가를 결정
3) 적격성	• 특수교육대상자로 적격한가를 결정
4) 프로그램 계획 및 배치	• 어떤 교육 및 관련서비스를 어디에서 제공할 것인가를 결정
5) 형성평가	• 적절한 진전을 보이는가를 결정
6) 총괄평가	• 예상된 진전을 보였는가를 결정

고득점 답안 비법 ✦ 1)번 문항 작성 시 위음의 내용을 제시된 선우의 상황과 연결 지어 서술해 볼 것

03

2023. 유
★답안작성

(가)는 선우 어머니와 유아교사 강 교사가 나눈 대화의 일부이고, (나)는 강 교사와 특수교육지원센터 유아특수교사 송 교사가 나눈 대화의 일부이다. 물음에 답하시오. [5점]

(가)

> 강 교사: 안녕하세요, 선우 어머님.
>
> 어 머 니: 네, 선생님, 안녕하세요. 아무래도 우리 선우의 발달이 걱정돼요.
>
> 강 교사: 그러시군요. 선우는 ㉠ 석 달 전 선별검사에서 특별한 문제가 없었지요. 그래서 진단·평가에 의뢰하지 않았지요.
>
> 어 머 니: 그동안 선우를 지켜봤는데, 선우가 또래 친구들에 비해 발달이 느린 것 같아요. 말도 느리고요. 그래서 전문적인 검사를 받아 보고, 선우에게 필요한 교육과 도움을 받을 수 있으면 좋겠어요.
>
> 강 교사: 그러시면 특수교육지원센터에 의뢰해서 진단·평가를 받아 보는 방법이 있어요.
>
> 어 머 니: 저는 선우가 ㉡ 장애인으로 등록되어야 특수교육지원 센터에 진단·평가를 의뢰할 수 있다고 알고 있어요. 그러면 특수교육지원센터에서 선우를 진단·평가하고, 선우에게 특수교육이 필요하다고 판단되면 ㉢ 특수교육진단·평가위원회에서 특수교육대상자로 선정하는 것으로 알고 있거든요.
>
> 강 교사: 아, 그런데 선우 어머님께서 잘못 알고 계시는 부분이 있어요. …(중략)… 선우가 특수교육대상자로 선정되면, 선우에게 필요한 특수교육과 특수교육 관련서비스를 받을 수 있답니다.
>
> 어 머 니: 그렇군요. 그럼 진단·평가를 신청하고 싶어요.
>
> 강 교사: 네. 신청 서류를 준비해 드릴게요.

(나)

> 송 교사: 선생님, 선우가 발달지체를 가진 특수교육대상자로 선정되었어요.
>
> 강 교사: 네, 그래서 선우 어머님이 선우의 전반적인 양육과 교육에 대해 많이 궁금해하셨어요.
>
> 송 교사: ㉣ 다음 달에 특수교육지원센터에서 발달지체유아 학부모 대상 연수가 있는데, 선우 어머님께 안내해야겠어요.

1) (가)와 (나)의 대화 내용에 근거하여 ① (가)의 ㉠에 해당하는 선별검사의 오류 유형을 쓰고, ② 그로 인해 선우가 겪게 된 어려움을 교육적 측면에서 쓰시오. [2점]

① :

② :

2) (가)의 ㉡과 ㉢의 내용 중 잘못된 부분을 각각 바르게 고쳐 쓰시오. [2점]

㉡ :

㉢ :

3) (나)의 ㉣은 「장애인 등에 대한 특수교육법」(법률 제18298호, 2021. 7. 20. 타법개정) 제2조 제2항 특수교육 관련서비스 중 어떤 지원에 해당하는지 쓰시오. [1점]

핵심테마 체크 ✓

• 팀 협력 모델
• 중재 충실도
• 선별검사의 오류

MY MEMO

정답 및 예시답안

1) 간학문적 접근
2) 원형진단
3) ㉽ / 150일 기준
4) 중재 충실도(교수활동의 충실도, 중재 적용의 충실도)
5) 특수교육이 필요함에도 심층적인 평가로 의뢰되지 않는 위음 오류(과소 의뢰)

알찬 지문풀이

• ㉠ <u>저는</u> 통합학급 교사로부터 각 유아에 대한 발달과 학습에 대한 <u>정보를 받고</u>, 유아가 다니는 치료실의 치료 사나 심리학자, 의사 등으로부터 <u>진단 결과나 중재 목표를 받아서</u> 부모의 요구와 우선순위를 파악하여 작성했 어요. ➡ 팀을 구성하는 전문가들이 정보를 주고받는 수준으로 협력을 하고 있음. 교사가 다양한 전문가로부터 정 보를 받아 독자적으로(전문가들과의 협력 없이) 요구와 우선순위를 파악했다고 볼 수 있음

• ㉡ 각 영아의 교육적 요구에 따라 여러 관련서비스 영역의 전문가들과 심리학자, 사회복지사, 부모, 그리 고 제가 한 팀이 되어 교육진단을 계획했어요. 교육진단 시에는 <u>팀 구성원들이 동시에 관찰하며 평가</u>했는 데, 그때 제가 <u>촉진자의 역할</u>을 했어요. 그리고 나서 <u>팀이 합의한 평가 결과에 따라 다 같이 개별화교육계 획을 수립</u>했어요. ➡ 원형진단을 의미하는 과정

• ㉻ 은지 어머니께서 배운 방법대로 <u>정확하게 하고 있는지</u>, 그리고 이것을 <u>일관성 있게 하는지 점검하고 모니터링</u>해야 해요. ➡ 교수활동의 점검에 대한 설명. 이 내용에 앞서 상호작용을 시도했으나 효과가 별로 없다는 내용을 제시하였는데, 이와 같이 계획할 때 예상한 만큼의 진도를 보이지 않거나 성취하지 못하는 이유가 잘못된 교수활동에 있는 것은 아닌지 살피는 것. 또한 ㉻ 이후의 내용에 이를 위한 절차와 점검표를 계획해 놓았다는 내용이 있으며, 이는 교수활동의 점검을 위한 4가지 지침 중 1가지 내용에 속함

관련이론

✦ **팀 협력 모델**

구분	내용
다학문적 진단	• 다양한 영역의 전문가들이 개별적으로 진단을 실행한다. • 전문가들 간에는 최소한의 상호작용만 이루어진다. • 진단 후 개별적 기록과 추천 소견들은 가족과 서비스 관련자들에게 제공된다. • 가족은 관찰자와 정보 수혜자로서의 역할을 하게 된다.
간학문적 진단	• 여러 학문의 전문가들이 개별적으로 진단한 후 나중에 협력한다. • 중요한 정보를 가진 각 전문가들 사이의 상호작용이 증대된다. • 서비스를 위한 협력적인 계획은 팀 구성원들 사이에서 만들어질 수 있다. • 협력은 협력적 팀 모임을 할 때 외에도 진단과정 중에, 또 진단과 진단 사이에 일어날 수 있다. • 가족은 관찰자, 정보 수혜자일 뿐 아니라 팀의 일원으로 참여한다.
초학문적 진단	• 다양한 영역의 전문가들이 한 회기 동안에 개인을 평가하고 서비스 계획을 수립하기 위해 협력한다. • 전문가와 가족 모두가 진단을 한다. • 아동과 상호작용을 하며, 그들 간에도 상호작용을 하게 된다. • 서비스는 협력적 진단에 참여하였던 개인의 우선적 요구 영역을 대표할 수 있는 한두 명의 전문가에 의해 제공된다. • 역할양도와 학문 간 훈련을 포함하고 있다. • 장점(상호작용과 협력)과 단점(서비스 전달에서의 전문성 부족)이 있을 수 있다. • 가족 참여는 진단과정의 여러 수준에서 일어난다.
원형 진단	• 초학문적 진단과 관련된다. • 다른 영역의 전문가들이 진단을 위해 관찰하고 기록하는 동안 아동과 가족의 요구 중 가장 중요한 영역의 전문가가 진단과정을 이끈다. • 장점은 모든 전문가가 아동과 각자 상호작용하지 않으면서도 동시에 한 아동을 관찰할 수 있다는 것이다. • 진단 팀의 구성원들은 같은 장소, 같은 조건에서 같은 활동을 관찰하는 동안 진단을 실행한다. • 모든 수준에서 가족 구성원은 쉽게 진단과정의 일부가 된다.

04 | 2015. 유
★답안작성

김 교사는 특수교육지원센터의 순회교사이고, 박 교사는 통합 유치원의 유아특수교사이다. 다음의 (가)는 김 교사와 박 교사의 대화 내용이고, (나)는 김 교사와 은지 어머니의 대화 내용이다. 물음에 답하시오. [5점]

(가) 김 교사와 박 교사의 대화 내용

> 김 교사 : 박 선생님, 개별화교육계획 다 작성하셨어요? 어떻게 하셨어요?
>
> 박 교사 : ㉠저는 통합학급 교사로부터 각 유아에 대한 발달과 학습에 대한 정보를 받고, 유아가 다니는 치료실의 치료사나 심리학자, 의사 등으로부터 진단 결과나 중재 목표를 받아서 부모의 요구와 우선순위를 파악하여 작성했어요.
>
> 김 교사 : 아, 그러셨군요. 저는 영아를 담당하고 있는데, ㉡각 영아의 교육적 요구에 따라 여러 관련서비스 영역의 전문가들과 심리학자, 사회복지사, 부모, 그리고 제가 한 팀이 되어 교육진단을 계획했어요. 교육진단 시에는 팀 구성원들이 동시에 관찰하며 평가했는데, 그때 제가 촉진자의 역할을 했어요. 그리고 나서 팀이 합의한 평가 결과에 따라 다 같이 개별화교육계획을 수립했어요.
>
> 박 교사 : 네, 그런데 그렇게 하면 시간도 많이 걸리고 힘드시겠어요. 그럼 그 다음에 중재는 어떻게 하세요?
>
> 김 교사 : 각 영아에 따라 팀원 중 한 사람이 영아의 가정을 방문해서 개별화교육계획의 목표 성취를 도울 수 있도록 부모를 지원해요. 주로 부모가 자녀와 상호작용하는 방법을 알려드려요.
>
> 박 교사 : 가정 방문도 하시는군요.
>
> 김 교사 : ㉢우리 특수교육지원센터에서는 영유아를 위한 순회교육, 특수교육 관련서비스 지원 등을 하고 있어요. ㉣특수교육지원센터에서는 순회교육 이외에도 센터 내의 교실에서 장애 영아를 가르칠 수 있어요.
>
> 박 교사 : 저도 영아를 담당해 보고 싶은데, 그러려면 ㉤제가 특수학교 유치원교사 자격증을 가지고 있으니까 3년의 유치원 과정 담당 경력을 쌓아야겠네요. 장애 영아의 수업일수는 어떻게 되나요?
>
> 김 교사 : ㉥장애 영아의 수업일수는 매 학년도 180일을 기준으로 해서 필요에 따라 30일의 범위에서 줄일 수 있어요.

(나) 김 교사와 은지 어머니의 대화 내용

> 은지 어머니 : 선생님, 지난번에 가르쳐 주신 대로 은지와 상호작용을 하려고 했는데 효과가 별로 없는 것 같아요. 왜 그럴까요?
>
> 김 교사 : 어머니들께서 자녀에 대한 중재를 실행하는 것이 쉬운 일은 아니에요. 그래서 ⊗은지 어머니께서 배운 방법대로 정확하게 하고 있는지, 그리고 이것을 일관성 있게 하는지 점검하고 모니터링해야 해요. 그래서 이미 개별화교육계획을 작성할 때 이를 위한 절차와 점검표를 계획해 놓았어요. 그럼 이것을 실시해 보도록 하지요.
>
> 은지 어머니 : 선생님, 한 가지 더 의논드릴 일이 있어요. 우리 이웃집에 은지 또래의 아이가 있는데 발달이 더딘 것 같아 그 아이의 엄마가 걱정하고 있더라고요.
>
> 김 교사 : 그래요? 그럼 먼저 ⊚선별검사를 해 보는 것이 좋겠군요.

1) ㉠에 해당하는 팀 협력 모델명을 쓰시오. [1점]

2) ㉡의 팀에서 주로 사용하는 진단 방법을 쓰시오. [1점]

3) ㉢~㉥의 대화 중 현행 「장애인 등에 대한 특수교육법」에 의거하여 볼 때, 교사가 잘못 알고 있는 내용 1가지를 찾아 그 기호와 수정 내용을 쓰시오. [1점]

   • 기호 :

   • 수정 내용 :

4) ⊗은 무엇을 측정하고자 한 것인지 쓰시오. [1점]

5) ⊚의 선별 과정에서 나타날 수 있는 음성 오류(부적 오류, false negative)를 장애 진단과 관련하여 1가지 쓰시오. [1점]

05

정답 및 예시답안

1) 심층적인 진단평가에 대한 의뢰 여부를 결정하기 위하여 발달평가를 실시한 것이다(선별의 목적).
2) ㉡ 진단(장애의 진단)
   ㉢ 프로그램 계획(교육적 진단)
3) 표준화된 검사도구의 결과는 개별 아동의 교육 프로그램 계획을 위한 구체적인 정보를 제공하지 못한다.
4) ① 중재를 적용하는 과정에서 아동이 진전하고 있는가를 평가해야 하기 때문이다(형성평가의 측면에서 서술).
   ② 중재의 효과를 평가하기 위해 실시한다(총괄평가의 측면에서 서술).

핵심테마 체크 ✓

• 특수아동평가의 6단계

MY MEMO

06

정답 및 예시답안

1) ① ㉠ / 인위적으로 신발 벗기를 수십 회 반복하는 것은 자연적인 중재가 아니다. 신발을 신고 벗는 자연스러운 상황에서 활동을 하도록 해야 한다.
   ② ㉣ / 손 씻기 활동을 손 씻기와 관련 없는 상황에서 시간을 정해놓고 하도록 하는 것은 자연적인 중재가 아니다. 손을 씻어야 하는 자연적인 상황에서 중재를 해야 한다.
2) 최대–최소 촉진체계(도움 줄이기)
3) ① ㉤
   ② 만 3세 미만의 교육은 의무교육이 아니라 무상교육이다.
4) 추적검사

핵심테마 체크 ✓

• 용암법
• 추적검사

MY MEMO

고득점 답안 비법 ☆ 소문항 1)과 4)는 유아특수교육과 관련성이 높은 내용임
☆ 3)의 특수교육법 문항은 출제유형을 참고할 것

05 | 2017. 유

다음은 진단과 중재 체계를 제시한 그림이다. 유진이는 이 체계에 따라 진단과 중재를 받게 되었다. 물음에 답하시오. [5점]

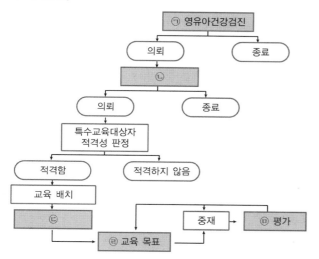

1) ㉠ 단계에서 유진이가 받은 발달평가의 목적을 쓰시오. [1점]

2) ㉡과 ㉢에 들어갈 내용을 각각 쓰시오. [1점]

㉡ :

㉢ :

3) 유진이는 위 체계를 거치면서 여러 가지 검사를 받았다. 그중에서 '한국웩슬러유아지능검사(K-WPPSI)' 결과와 '유아행동평가척도(CBCL 1.5-5)' 결과로 ㉣을 작성한다면, 이때 발생할 수 있는 문제점 1가지를 쓰시오. [1점]

4) ㉤을 실시하는 이유 2가지를 쓰시오. [2점]

① :

② :

06 | 2018. 유

(가)는 ○○특수교육지원센터에서 영아 대상 순회교사로 있는 김 교사의 업무 일지이고, (나)는 ○○특수교육지원센터에서 영유아의 장애 및 장애 가능성을 조기에 발견하기 위해 제작한 홍보 자료의 일부이다. 물음에 답하시오. [5점]

(가) 업무 일지

9월 15일

○ 민서(2세 2개월) ㉠10시~11시30분 신발 벗기를 가르치기 위해 신발을 신겨 주고 민서에게 신발 벗기를 수십 회 반복 연습시킴. 어머니에게 평소에 신고 벗기 편한 신발을 신겨 달라고 안내함.

○ 지우(1세 9개월) ㉡12시~1시 지우의 식사지도를 위해 가족의 점심 식사 시간에 방문하여 지우를 관찰함. 지우 어머니에게 유동식을 피하고 고형식이나 반고형식을 준비할 것과 그릇이 미끄러지지 않도록 미끄럼 방지 매트를 사용하라고 조언함.

○ 준수(2세 10개월) ㉢2시~3시 준수가 매주 화요일마다 참석하고 있는 놀이 모임에 가서 또래와의 놀이 행동을 관찰함. 준수가 또래와 상호작용 시 시작 행동과 반응 행동의 빈도 및 행동 특성에 대한 자료를 수집함. 내년 유치원 입학을 대비해 또래 상호작용을 촉진할 계획임.

○ 현우(2세 10개월) ㉣3시30분~4시30분 현우 어머니가 거실에서 책을 읽는 동안 현우 집 화장실에서 손 씻기를 지도함. 상담 시 어머니에게 하루 일과 중 필요한 때 (식사 전후, 바깥놀이 후 등)에 현우에게 손을 씻을 기회를 자주 갖게 하도록 요청함.

(나) 홍보 자료

이와 같이 발달이 늦어 염려되는 아이들은 실제로 장애가 있거나 적절한 도움을 주지 않으면 발달이 지연될 수도 있습니다.

㉤ 영유아기는 발달에 있어서 결정적 시기이며 성장 가능성이 높은 시기이므로, 조기에 적절한 교육을 하는 것이 중요합니다.

㉥ 조기에 교육을 하면 발달을 촉진시켜 발달 가능성을 높일 수 있으며, 더 심한 장애로 발전해 가는 것을 예방하거나 최소화할 수 있습니다.

㉦ 영유아 건강검진 시 '발달평가 및 상담'을 실시하고 있고, 발달선별검사는 영유아 건강검진 지정 병·의원과 특수교육지원센터 등에서 할 수 있습니다.

㉧ 우리나라에서는 특수교육대상자로 선정된 경우, 3세 미만 장애영아교육과 유치원 과정을 의무교육으로 규정하고 있습니다.

… (중략) …

우리 센터에서는 장애위험(at-risk) 유아이거나 발달이 우려되는 경우 선별검사 결과가 정상적인 발달을 보이는 것으로 나타났더라도 ㉨ 나중에 발달이상이 나타나면 즉각적인 조치를 취하기 위하여 지속적으로 발달선별검사를 하고 있습니다.

… (중략) …

☞ 보다 자세한 내용을 알고 싶으시면 다음의 정보를 참고하세요.
• 특수교육지원센터 지원 서비스 검색
  http://support.knise.kr
• ○○특수교육지원센터 전화번호: ×××-×××-××××
• 영유아 건강검진이 가능한 병·의원 검색
  http://www.nhis.or.kr
☞ 자녀의 발달이 궁금하시면 뒷면에 있는 간략한 연령별 발달표를 참고하세요.

---

1) (가)의 ㉠~㉣ 중 자연적 환경에서의 중재 관점에서 잘못된 것 2가지를 찾아 그 기호와 이유를 각각 쓰시오. [2점]

• ① 기호와 이유 :

• ② 기호와 이유 :

2) (가)에서 김 교사는 현우 어머니에게 다음과 같은 방법을 순서대로 실시하도록 안내하였다. 이 방법은 반응촉진전략 중 무엇에 해당하는지 쓰시오. [1점]

> ① 처음에는 전체적인 신체적 촉진을 제공하고, 현우가 잘하면 강화해 주세요.
> ② 현우가 80% 수준에 도달하면, 부분적인 신체적 촉진을 제공하고, 잘하면 강화해 주세요.
> ③ 현우가 80% 수준에 도달하면, 언어적 촉진을 제공하고 하면 강화해 주세요.
> ④ 현우가 스스로 손 씻기를 할 수 있게 될 때까지 이렇게 촉진을 단계적으로 줄여 주세요.

•

3) (나)의 ㉤~㉨ 중에서 잘못된 진술을 찾아 ① 기호를 쓰고, ② 바르게 수정하여 쓰시오. [1점]

• ① :

• ② :

4) (나)의 ㉨에 해당하는 용어를 쓰시오. [1점]

•

07

정답 및 예시답안

④

알찬 지문풀이

• ⓒ 진점수는 획득점수를 측정의 표준오차로 나누어 산출합니다. ➡ 진점수는 특정 개인에게 같은 검사를 반복 실시했을 때 얻을 수 있는 점수들의 평균 혹은 기댓값으로 추정하는 점수. 이 진점수가 있을 것이라고 추정하는 구간이 신뢰구간

문제 속 자료분석

정규분포, 평균 50점, 표준편차 10점 : 정규분포곡선에서 상대적 위치를 파악

관련이론

✦ 표준화검사

• 표준화검사는 누가 사용하더라도 검사의 실시, 채점, 결과 해석이 동일하도록 절차와 방법을 일정하게 만들어 놓은 검사를 말한다.
• 표준화검사의 제작과정에서 무엇보다 신뢰도와 타당도를 확보하는 것이 매우 중요하다.

✦ 백분위

• 규준집단에서 특정 점수 이하의 점수를 얻은 사람들이 전체의 몇 %를 차지하는가를 나타내는 것
• 상대적 위치를 명확하게 지시해 준다는 이점으로 인해 널리 활용

✦ 신뢰구간

• 신뢰구간 = 획득점수 $\pm z$(SEM)

✦ 타당도

• 검사도구가 측정하고자 하는 능력이나 특성을 실제로 측정하고 있는 정도
• 검사 목적에 따른 검사도구의 적합성의 정도

08

정답 및 예시답안

⑤

알찬 지문풀이

• ① 인수는 발달연령에 비해 ~~생활연령은 더 낮고 사회연령은 더 높다.~~ ➡ 발달지수는 '발달연령/생활연령×100'의 공식으로 구하게 되므로, 발달연령에 비해 생활연령이 더 높다. 그리고 각 지수는 해당 검사에 대한 발달연령과 생활연령에 대한 점수이므로, 각 지수의 수치를 비교하여 설명할 수 없다.

• ② 인수는 발달수준과 지능수준이 같고 발달수준에 비해 적응행동수준은 더 높다. ➡ 각 검사도구를 통해 산출된 발달지수와 지능지수, 적응행동지수를 비교할 수 없다.

• ③ 인수보다 지능이 높은 유아의 비율과 발달이 빠른 유아의 비율은 약 84%로 같다. ➡ DQ와 IQ가 같다고 하여, 이에 대한 상대적 위치를 동일하다고 분석할 수 없다.

• ④ 인수의 ~~적응행동수준은 평균보다 조금 낮으며,~~ 인수보다 주의집중 문제가 더 심각한 유아의 비율은 약 35%이다. ➡ 지수는 생활연령에 비추어 그 수준을 나타내는 것이다.

• ⑤ 인수보다 위축 문제가 더 심각한 유아의 비율은 약 2%이며, 주의집중 문제가 더 심각한 유아의 비율은 약 35%이다. ➡ T점수 70은 2표준편차에 위치하며, 따라서 위축문제가 더 심각한 유아는 2%이다. 또한 주의집중 문제 척도의 백분위가 65라는 것은 더 심각한 유아의 비율이 35%라는 의미이다.

07 | 2010. 중

다음은 두 교사가 학생 A의 진단·평가 결과보고서에 관해 나눈 대화이다. M 검사는 표준화검사이며 점수가 정규분포를 이루고, 평균이 50점이며 표준편차가 10점이다. ㉠~㉣ 중 옳은 것을 모두 고른 것은? [2.5점]

김 교사: 학생 A의 진단·평가 결과보고서인데, 한 번 보실래요?

이 교사: M 검사에서 받은 점수가 39점이니, ㉠이 학생의 점수는 규준의 하위 16퍼센타일 이하에 위치한다고 볼 수 있군요.

김 교사: 그러면 이 학생이 받은 점수는 진점수인가요?

이 교사: 이 학생의 점수는 획득점수로, 진점수라고는 말할 수 없지요. ㉡진점수는 획득점수를 측정의 표준오차로 나누어 산출합니다.

김 교사: 그런데 만약 이 학생이 M 검사에서 평균점을 받았다면 백분위점수(순위)는 얼마나 됩니까?

이 교사: 만약 그렇다면, ㉢이 학생의 백분위점수는 50이 되지요.

김 교사: 그럼, 이 학생에게 실시한 M 검사는 타당한 도구 인가요?

이 교사: ㉣이 검사와 동일한 능력을 측정하고 타당성이 인정된 다른 검사와의 상관계수가 .90이므로 공인 타당도가 매우 높다고 말할 수 있지요.

① ㉠, ㉢
② ㉢, ㉣
③ ㉠, ㉡, ㉣
④ ㉠, ㉢, ㉣
⑤ ㉠, ㉡, ㉢, ㉣

08 | 2011. 유

다음은 특수교육지원센터에서 인수에게 실시한 표준화 검사 결과의 일부이다. 이 결과에 대한 설명으로 옳은 것은?

- 발달검사 −DQ 85
- 사회성숙도검사 −SQ 95
- 한국 웩슬러 유아지능검사 −IQ 85
- 아동·청소년행동평가척도(K-CBCL)
  −위축척도 −70 T
  −주의집중문제척도: 백분위 65

① 인수는 발달연령에 비해 생활연령은 더 낮고 사회연령은 더 높다.

② 인수는 발달수준과 지능수준이 같고 발달수준에 비해 적응행동수준은 더 높다.

③ 인수보다 지능이 높은 유아의 비율과 발달이 빠른 유아의 비율은 약 84%로 같다.

④ 인수의 적응행동수준은 평균보다 조금 낮으며, 인수보다 주의집중 문제가 더 심각한 유아의 비율은 약 35%이다.

⑤ 인수보다 위축 문제가 더 심각한 유아의 비율은 약 2%이며, 주의집중 문제가 더 심각한 유아의 비율은 약 35%이다.

핵심테마 체크 ✓

• 점수의 유형
• 타당도의 종류
• 저시력 학생을 위한 자료 수정
• 교수-지원(교수-보조)

MY MEMO

09

정답 및 예시답안

1) ① 4학년 넷째 달의 수행수준
   ② 내용 타당도
2) ① 대비조절
   ② 확대 답안지, 반사가 적은 종이의 답안지, 옅은 담황색 종이의 답안지, 고대비로 수정한 답안지 등
3) ① 교수-지원
   ② 교수-지원은 필요에 따라 개별 학생들을 지원하지만, 대안교수는 심화 및 보충 지도가 필요한 소집단 학생을 대상으로 교수를 지원하는 데에서 교사 역할의 차이가 있다.

관련이론

✦ **점수의 유형**

원점수				• 피검자가 옳은 반응을 보인 문항의 수 • 피검자가 옳은 반응을 보였거나 옳은 반응을 보인 것으로 가정되는 문항에 부여된 배점을 합산한 점수
변환점수	백분율 점수			• 총 문항 수에 대한 정답 문항 수의 비율 • 준거참조검사에서 아동의 수행수준을 묘사할 때 유용하게 사용
	유도 점수	발달 점수	등가 점수	• 연령 등가점수 • 학년 등가점수
			지수 점수	• 연령 등가점수 / 생활연령 ×100
		상대적 위치 점수	백분위	• 규준집단에서 특정 점수 이하의 점수를 얻은 사람들이 전체의 몇 %를 차지하는가를 나타내는 것 • 상대적 위치를 명확하게 지시해 준다는 이점으로 인해 널리 활용
			표준 점수	• 한 분포의 평균치를 기준으로 원점수가 평균치로부터 떨어져 있는 정도를 표준편차 단위로 표시하여 비교 가능한 척도로 변환한 점수 • Z점수 / T점수 / 능력점수 등
			구분 점수	• 상위부터 4%, 7%, 12%, 17%, 20%, 17%, 12%, 7%, 4%에 각각 1등급(9점), 2등급(8점), … 9등급(1점)을 부여 • 이것은 정규분포를 9개의 점수 구간(범주)으로 분할한 것으로, 특정 점수가 아닌 수행수준의 범위를 나타내며 이 9개 범주 간에 등간성 없음

✦ **타당도**

정의		• 검사도구가 측정하고자 하는 능력이나 특성을 실제로 측정하고 있는 정도 • 검사 목적에 따른 검사도구의 적합성의 정도
종류	내용	• 측정하고자 하는 영역을 검사문항이 얼마나 충실하게 대표하는가를 의미
	안면	• 검사문항들이 피검자에게 친숙한 정도
	준거 관련	• 검사도구의 측정 결과와 준거가 되는 변인의 측정 결과와의 관련 정도 • 예측 타당도: 검사 결과가 미래의 행동을 정확하게 예측할 수 있는 정도 • 공인 타당도: 검사 결과가 거의 동일한 시기에 실시된 다른 검사 결과와 일치하는 정도
	구인	• 측정하고자 하는 이론적 구인을 검사도구가 실제로 측정하는 정도

고득점 답안 비법 ✗ 1)과 관련하여 '점수의 유형'을 보다 정확하게 이해하고 정리해 둘 것. 다양한 점수의 유형에 대한 문제는 대부분 정확한 이해 없이는 해결하기 어려움

09

2022. 초
★답안작성

(가)는 세희의 특성이고, (나)는 통합학급 교사와 시각장애거점 특수교육지원센터 특수교사의 협의 내용이다. 물음에 답하시오. [6점]

(가) 세희의 특성

- 초등학교 6학년 저시력 학생임
- 피질시각장애(Cortical Visual Impairment : CVI)로 인해 낮은 시기능과 협응능력의 부조화를 보임
- 눈부심이 있음
- 글씨나 그림 등은 검은색 배경에 노란색으로 제시했을 때에 더 잘 봄 ⌉[A]
- 원근 조절이 가능한 데스크용 확대독서기를 사용하지만 읽는 속도가 느림
- 기초학습능력검사(읽기) 결과, ㉠학년등가점수는 4.4임

(나) 특수교사의 순회교육 시, 협력교수를 위한 통합학급 교사와 특수교사의 협의 내용

협의 내용 요약		점검사항 공통사항 : 공 세희지원 : 세
통합학급 교사	특수교사	
• 전체 수업 진행 ─구체적인 교과 내용을 지도함 • 팀별 학습 활동 ─팀의 학생들은 상호작용을 하며 과제를 해결함	• 학급을 순회하며 전체 학생 관찰 및 지원 ─학생들에게 학습 전략을 개별 지도함 ─원거리 판서를 볼 때 세희에게 확대독서기의 초점 조절법을 개별 지도함	공 팀별 활동 자료
• 팀 활동 후 평가 실시 ─평가지는 ㉡평가 문항들이 단원의 목표와 내용을 충실하게 대표하는지를 같은 학년 교사들이 전문성을 바탕으로 이원분류표를 활용해서 비교·분석하여 확인함	• 학급을 순회하며 학생 요구 지원 ─세희가 평가지를 잘 볼 수 있게 ㉢확대 독서기 기능 설정을 확인함 ─시험시간을 1.5배 연장함	공 이원분류표 세 ㉣수정된 답안지와 필기구 제공
• 팀 점수 산출 • 팀 점수 게시 및 우승팀 보상	• 팀 점수 산출 시 오류 확인 ─학급을 순회하며 필요한 도움을 제공함	

1) ① (가)의 ㉠을 해석하여 쓰고, ② (나)의 ㉡에 해당하는 타당도의 유형을 쓰시오. [2점]

① :

② :

2) ① (가)의 [A]를 고려하여 특수교사가 확인해야 할 (나)의 ㉢을 쓰고, ② (가)를 고려하여 (나)의 ㉣의 예를 1가지 쓰시오. [2점]

① :

② :

3) ① (나)에 적용된 협력교수 유형의 명칭을 쓰고, ② 이 협력교수와 대안교수의 차이점을 교사의 역할 측면에서 쓰시오. [2점]

① :

② :

10

정답 및 예시답안

○ (가)의 결과에 따르면 작업기억에 대한 진점수가 68점과 85점 사이에 있을 확률이 95%이다.
○ ㉠은 규준이고, ㉡은 표준점수이다.

관련이론

✦ 측정의 표준오차(SEM)

개념	• 획득점수를 가지고 진점수를 추정할 때 생기는 오차의 정도 • 신뢰도가 높을수록 측정의 표준오차는 더 작아지고 반대로 신뢰도가 낮을수록 측정의 표준오차는 더 커진다.
신뢰구간	• 신뢰구간 = 획득점수 ± z(SEM)

✦ 검사의 유형

규준참조	• 검사를 받은 또래 아동들의 점수의 분포인 규준(norm)에 아동의 점수를 비교함으로써 또래집단 내 아동의 상대적 위치에 대한 정보를 제공하는 검사 • 규준(norm)이란 규준집단의 점수분포 • 규준의 3가지 요인: 대표성, 크기, 적절성
준거참조	• 사전에 설정된 숙달수준인 준거(criterion)에 아동의 점수를 비교함으로써 특정 지식이나 기술에 있어서의 아동 수준에 대한 정보를 제공하는 검사 • 어떤 기술을 가르쳐야 할지 결정하는 데 있어서 매우 유용 • 개발 단계 1) 사정할 일련의 특정 교육목표들을 명확하게 밝힌다. 2) 각 목표를 일련의 학습 단계나 학습기술로 나누는 과제분석을 실시한다. 3) 과제분석의 각 단계를 조작적으로 정의한다. 4) 사정되는 각 기술의 수행 기준을 명확히 한다. 5) 사정되어야 할 항목을 교육과정에서 배우는 기술에 잘 부합되게 선정한다. 6) 학생의 수행을 효율적이고 정확하게 기술할 수 있는 채점 및 보고체계를 개발한다.

11

정답 및 예시답안

④

알찬 지문풀이

• ㄱ. 소검사 원점수가 0점이라면, 그 소검사에서 측정하는 수행 능력이 완전히 결핍되었다고 볼 수 있다. ➡ 점수의 수치가 개인의 능력정도를 절대적으로 나타내는 것이 아니므로, 0점이 완전히 결핍되었다는 의미가 아니다.

• ㄷ. 전체 지능지수점수는 비율점수이므로 이를 통해 학생의 발달비율을 알 수 있다. ➡ 전체 지능지수는 비율IQ가 아니라 편차IQ이므로 발달비율을 나타내는 점수가 아니다.

관련이론

• 비율IQ: 정신연령(MA) / 생활연령(CA), 아동의 정신적인 성숙속도를 그 나이에 기대되는 성장속도(평균성장)에 대한 비율로 나타낸 것
• 편차IQ: 한 사람의 어떤 시점의 지능은 그와 같은 나이 집단 내에서의 그의 상대적 위치로 규정한 IQ

10

(가)는 특수교육지원센터에서 실시한 학생 H의 한국 웩슬러 아동용 지능검사 4판(K-WISC-Ⅳ) 결과의 일부이고, (나)는 김 교사와 이 교사가 나눈 대화의 일부이다. 〈작성 방법〉에 따라서 서술하시오. [4점]

(가) 검사 결과

지표	환산점수 합계	지표 점수	백분위	95% 신뢰구간	질적분류 (수준)
언어이해	7	56	0.2	52~68	매우 낮음
지각추론	17	72	2.9	66~83	경계선
작업기억	11	73	3.8	68~85	경계선
처리속도	17	92	28.9	83~103	평균

(나) 대화

김 교사: 이 검사는 학생의 지적 능력을 또래와 비교하여 학생의 상대적 위치를 알 수 있게 해 주는 (㉠) 참조 검사이지요. 특수교육에서는 주로 장애 진단을 목적으로 많이 사용합니다.

이 교사: 네, 그렇군요. 이 검사에서 사용된 점수에 대해서도 설명해 주세요.

김 교사: 이 점수는 대표성을 띠는 피검자 집단으로부터 구한 평균과 표준편차를 가지고 정규분포를 이루도록 변환한 점수입니다. 정규분포에서 특정 원점수가 평균으로부터 얼마나 떨어져 있는지를 표준편차 단위를 환산한 점수로 Z점수, T점수, 지표점수 등이 이에 해당합니다. ㉡

작성방법

• (가)의 작업기억의 검사 결과를 신뢰구간에 근거하여 해석하여 서술할 것
• (나)의 괄호 안의 ㉠과 ㉡에 해당하는 용어를 순서대로 쓸 것

11

다음은 한국 웩슬러 아동지능검사(K-WISC-Ⅲ)의 검사결과를 통해 알 수 있는 점수 유형들이다. 〈보기〉에서 이에 대한 설명으로 적절한 것을 모두 고르면?

원점수, 백분위점수, 환산점수, 지표점수, 지능지수점수

보기

ㄱ. 소검사 원점수가 0점이라면, 그 소검사에서 측정하는 수행능력이 완전히 결핍되었다고 볼 수 있다.
ㄴ. 백분위점수를 통해 동일연령대에서 학생의 지적 능력의 상대적인 위치를 파악할 수 있다.
ㄷ. 소검사의 환산점수는 표준점수이므로 이를 통해 학생의 환산점수가 각 소검사에서 동일 연령대의 환산점수 평균과 얼마나 차이가 나는지 알 수 있다.
ㄹ. 지표점수 간 비교를 통해 개인 내 강점과 약점을 파악할 수 있다.
ㅁ. 전체 지능지수점수는 비율점수이므로 이를 통해 학생의 발달비율을 알 수 있다.

① ㄱ, ㄴ
② ㄴ, ㄷ
③ ㄱ, ㄹ, ㅁ
④ ㄴ, ㄷ, ㄹ
⑤ ㄱ, ㄷ, ㄹ, ㅁ

핵심테마 체크 ✓

• 신뢰구간

MY MEMO

12

정답 및 예시답안

㉠ 신뢰구간
㉡ 진점수

13

핵심테마 체크 ✓

• 수행평가

MY MEMO

정답 및 예시답안

④

알찬 지문풀이

• ④ 학생의 수행 과정과 결과에 초점을 두어 평가하였다. ➡ 모둠활동 평가와 종합평가를 통하여 수
행의 과정과 결과 모두에 초점을 두어 평가하였다.

12

2014. 중
★답안작성

다음의 (가)는 중학교 2학년에 재학 중인 특수교육대상학생 A의 기초학력검사–쓰기 검사 결과의 일부이고, (나)는 이 검사 결과에 대해 특수교육지원센터의 진단·평가 팀장과 신임 특수교사가 나눈 대화 내용의 일부이다. 괄호 안의 ㉠과 ㉡에 해당하는 평가 용어를 각각 쓰시오. [2점]

(가) 학생 A의 기초학력검사–쓰기 검사 결과

원점수	백분위 점수	학력 지수	95% 신뢰 수준 (㉠)
47	6	72	68~76

(나) 대화 내용

특수교사 : 이 학생의 학력 지수는 72점으로 나왔어요. 그러면 68~76은 어떻게 해석해야 할까요?
팀　　장 : 이번 결과에서 이 학생이 획득한 점수는 72점이지만, 이는 이 학생의 (㉡)이/가 68점과 76점 사이에 있을 확률이 95%라는 뜻입니다. (㉠)을/를 구하기 위해서는 학생 A의 획득 점수, 95% 신뢰 수준에 해당하는 z점수, 이 검사의 측정의 표준오차가 필요합니다.

13

2009. 초

다음은 2008년 개정 특수학교 기본교육과정 과학과 '건강한 생활' 수업에서 실시한 평가 결과이다. 이에 근거하여 바르게 설명한 것은?

평가 결과지

이름 : 김수민
모둠 : (구름) 조

주제 : 이를 건강하게 관리하기 위한 방법

1. 모둠활동 평가

평가요소	못함	보통	잘함
자기 의견을 분명히 말한다.	○		
조사활동에서 맡은 역할을 완수한다.		○	
모둠활동 시 친구들과 적절한 상호작용을 한다.			○

2. 종합평가
• 수민이는 이가 썩으면 발생되는 결과에 대해 정확히 알고 있었음
• 이를 건강하게 할 수 있는 방법 2가지(식후 이 닦기, 사탕 먹지 않기)를 조사하였으나 발표 시 내용을 분명하게 전달하지 못하였음
• 개인 실천계획표 검토 결과, 식후 이 닦기 내용만 기록되어 있었음

① 결과중심의 평가를 실시하였다.
② 평가의 일차적 목적은 진단과 배치이었다.
③ 평가과정에서 교사의 주관적인 판단이 배제되었다.
④ 학생의 수행 과정과 결과에 초점을 두어 평가하였다.
⑤ 평가의 일차적 목적이 학생의 상대적 위치를 파악하는 데 있었다.

핵심테마 체크 ✓

• 검사도구의 특징
• 규준참조검사

MY MEMO

(14)

정답 및 예시답안

1) K-ABC-Ⅱ
2) 개별 학생의 수준을 일반 또래의 평균과 비교하여 상대적 위치를 파악하기 위함이다(개인차에 대한 정보를 얻을 수 있음).
3) 순회교육
4) ① 교육장 또는 교육감은 관할 특수교육 운영위원회의 심의를 거쳐 면제 또는 유예를 결정한다.
② 특수교육대상자의 등하교 가능성, 순회교육 가능성, 보호자의 의견

관련이론

✦ K-ABC-Ⅱ

목적 및 대상	• 한국 카우프만 아동지능검사-2판(The Kaufman Assessment Battery for Children, Second Edition: K-ABC-Ⅱ)(문수백, 2014)은 정보처리와 인지능력을 측정하는 개인 지능검사도구로서, 만 3~18세의 아동 및 청소년을 대상으로 한다. • 한국판 K-ABC-Ⅱ는 순차처리, 동시처리, 학습력, 계획력, 지식 등 광범위한 인지능력을 측정할 수 있으며, 이에 따라 교육적 측면에서 아동의 상태를 진단하고 중재 및 배치 계획을 세우는 데 활용할 수 있다. • 또한 비언어성 척도를 포함하고 있어 언어장애나 다양한 문화적 배경을 가진 다문화가정의 아동과 청소년을 평가하는 데 유용하다.
구성체계	• 한국판 K-ABC-Ⅱ는 크게 5개 하위척도(순차처리, 동시처리, 계획력, 학습력, 지식)로 구성되어 있으며, 각 척도에 제시된 능력을 측정하기 위해 다양한 하위검사를 실시한다. • K-ABC-Ⅱ의 경우, 지능이론에 따라 모델을 적용하여 검사를 실시한다. • 구체적으로는 Luria와 Cattell-Hom-Carroll(CHC) 중 어떤 모델을 사용하느냐에 따라 인지처리 척도(Mental Processing Index: MPI) 혹은 유동성 결정 척도(Fluid-Crystallized Index: FCI)로 산출된다. • 한국판 KABC-Ⅱ는 총 18개의 하위검사(① 이름기억, ② 관계유추, ③ 얼굴기억, ④ 이야기완성, ⑤ 수회생, ⑥ 그림통합, ⑦ 빠른길찾기, ⑧ 이름기억-지연, ⑨ 표현어휘, ⑩ 언어 지식, ⑪ 암호해독, ⑫ 삼각형, ⑬ 블록세기, ⑭ 단어배열, ⑮ 형태추리, ⑯ 손동작, ⑰ 암호해독-지연, ⑱ 수수께끼)로 구성되어 있다. 이 18개 하위검사는 핵심하위검사와 보충하위검사의 두 가지 유형으로 나뉘고, 이러한 검사의 유형은 피검자의 연령에 따라 달라진다.
실시 방법 및 채점	• 한국판 K-ABC-Ⅱ는 연령별로 제시된 검사를 실시한다. • 각 하위검사는 1번 문항부터 시작하며, 중지규칙은 하위검사별로 다르다. • 일반적으로 아동이 특정 개수의 문항에서 연속으로 0점을 받으면 소검사를 중지한다. • 검사별로 세 가지 유형의 시간제한(자극문항 노출 시간, 시간제한, 시간보너스 점수)이 있는데, 자극문항 노출 시간이 정해져 있는 검사로는 [3. 얼굴기억]과 [1. 이름기억]이 있으며, 제한시간이 있는 검사로는 [13. 블록세기]와 [7. 빠른길찾기]가 있다. 이 외에 [12. 삼각형], [15. 형태추리], [4. 이야기완성] 검사에서는 정답반응속도에 따라 보너스 점수가 주어진다. • 검사 소요 시간은 핵심하위검사를 실시할 경우, 연령별로 다르지만 Luria 모델은 약 25~60분, CHC 모델은 약 70분이 소요된다.
결과 및 해석	• 한국판 K-ABC-Ⅱ는 실시된 하위검사별로 원점수, 환산점수(평균 10, 표준편차 3), 백분위 점수, 연령점수 등이 제시된다. • 하위검사별 점수에 기초하여 전체척도와 5개의 하위척도의 표준점수(평균 100, 표준편차 15), 백분위점수, 백분위점수에 따른 수준을 제공한다. • 또한 5개의 하위척도에 대해서 표준점수와 규준점수를 비교하여 개인 간 강점과 약점을 제시하고, 표준점수와 표준점수의 평균을 비교하여 개인 내 강점과 약점을 제시한다. • 검사 결과는 다음의 순서를 따라 해석해 볼 수 있다. 첫째, 전체척도지수(MPI, FCI, NVI)를 해석한다. 둘째, 하위척도별 지수, 백분위를 통해 현행 수준을 확인하고, 표준점수를 분석하여 개인 내, 개인 간 강점과 약점을 확인한다. 셋째, 하위검사별로 점수, 백분위, 연령점수를 확인한다. 하위척도 및 하위검사점수는 그래프로도 제시된다. 끝으로, 보충검사를 실시할 경우, 검사 결과를 분석한다.

14

다음은 특수교육지원센터 홈페이지 질의 · 응답 게시판의 일부이다. 물음에 답하시오. [5점]

> **Q** 우리 아이는 오랜 외국 생활로 한국어 사용이나 한국 문화에 익숙하지 않습니다. 이런 경우 사용할 수 있는 지능검사가 있나요?
>
> **A** 지능검사는 여러 유형이 있습니다. 특수교육지원센터에서는 학생의 문화 · 언어적 배경에 영향을 받지 않는 ㉠마임과 몸짓으로 실시하는 비언어성 지능검사를 받을 수 있습니다.

> **Q** 국립특수교육원 적응 행동 검사(KISE–SAB) 결과에서 '일반 학생 적응 행동 지수'와 '지적장애 학생 적응 행동 지수'를 동시에 명시하고 있는데 이해가 어렵습니다. 두 지수의 차이점이 무엇인가요?
>
> **A** 일반적으로 ㉡지적장애 학생을 진단할 때, 먼저 '일반 학생 적응 행동 지수'를 활용하여 해석한 후 '지적장애 학생 적응 행동 지수'를 해석합니다.

> **Q** 우리 아이는 소아암으로 입원하고 있고, 특수교육대상자로 선정되었습니다. 내년에 초등학교에 입학할 연령인데, 병원에는 병원 학교가 없습니다. 아이가 입원한 병원에서 학력 인정 교육을 받을 수 있는 방법이 있을까요?
>
> **A** 네, 있습니다. 학생이 입원한 병원에 병원 학교가 없다면, 특수교육지원센터의 (㉢)을/를 통해 학력 인정 교육을 받을 수 있습니다.

> **Q** 제 아이가 특수학교에 입학하여 한 학기를 다녔는데, 학교생활에 어려움이 많습니다. 지금이라도 취학 의무의 유예나 면제가 가능한지 궁금합니다.
>
> **A** 네, 가능합니다. 「장애인 등에 대한 특수교육법 시행령」 제14조(취학의무의 유예 또는 면제)에 의하면 의무교육 대상자는 입학 전과 마찬가지로 입학 후에도 동일한 절차로 ㉣취학 의무의 유예나 면제가 가능합니다.

1) 밑줄 친 ㉠의 예 1가지를 쓰시오. [1점]

2) 밑줄 친 ㉡을 하는 이유 1가지를 규준 참조 검사의 특성을 고려하여 쓰시오. [1점]

3) ㉢에 들어갈 특수교육 지원 유형 1가지를 쓰시오. [1점]

4) 「장애인 등에 대한 특수교육법 시행령」 제14조(대통령령 제28211호, 2017. 7. 26.)에서 제시하고 있는 ① 밑줄 친 ㉣의 결정 절차를 쓰고, ② 유예나 면제를 결정할 때의 고려 사항 1가지를 쓰시오. [2점]

① :

② :

정답 및 예시답안

1) ⓑ / 개별화된 집중교육은 3차 지원에 해당하며, 보편적 지원은 학교 전체 학생을 대상으로 일반적
   이고 보편적인 교육을 실시하는 단계이므로 적절하지 않다.
2) 사회적 타당도
3) ⓒ 준거참조검사
   ⓔ 규준참조검사
4) 백분위

관련이론

✦ 학교 차원의 긍정적 행동지원(SW-PBS)

의미 및 필요성과 목적	• 학생들의 행동과 교수환경의 기능적 관계에 대한 교사들의 이해가 실제로 현장에서 전반적으로 적용되려면 학교에는 이를 지원하는 시스템이 있어야 함 • 목적은 학교의 시스템과 절차를 개선하는 것을 통해 교사들의 긍정적인 행동 변화를 촉진하고 학생의 행동을 변화시켜 학교 환경을 변화시키는 것 • 학교의 모든 구성원, 즉 학생과 교직원의 행동에 바람직한 변화를 가져오려는 체계적이고, 긍정적이며, 예방적인 접근
연속적 행동지원 체계	• 아동과 청소년의 반사회적 행동 패턴을 예방하기 위한 개념으로, 행동지원을 세 단계 수준으로 하도록 구성한 것 

구분	목표	중재			
		대상범위	강도	성격	적용방법
1차 예방	새로운 문제행동의 발생을 예방하기	학교 전체 학생	하	보편적	범단체적
2차 예방	기존 문제행동의 수를 감소하기	고위험 학생과 위험 기능 학생	중	목표 내용 중심적	소집단적
3차 예방	기존 문제행동의 강도와 복잡성을 경감하기	고위험 학생	강	집중적	개별적

15

다음은 ○○초등학교 연수자료 「통합교육 실행 안내서」의 일부이다. 물음에 답하시오. [4점]

〈통합교육 실행 안내서〉

○○초등학교

1. 학교 차원의 긍정적 행동지원
 1.1 학교 차원의 긍정적 행동지원의 개념

… (중략) …

 1.2 학교 차원의 긍정적 행동지원의 연속체

1차 지원 단계 : ㉠보편적 지원		

• 학교 차원의 기대 행동 결정하고 정의하기
 −기대 행동 매트릭스

	기본예절 지키기	안전하게 행동하기	책임감 있게 행동하기
교실	• 발표할 때 손들기 • 바른 자세로 앉기	• 차례 지키기	• 수업 준비물 챙기기

• 학교 차원의 기대 행동과 강화체계 가르치기

… (중략) …

3.4 중재 방법 선정 시 유의 사항
 3.4.1 (㉡) 고려하기
 −중재 목표가 사회적으로 얼마나 중요한가? ⎤
 −중재 과정은 사회적으로 수용 가능하고 합리적인가? [A]
 −중재 효과는 개인의 삶을 개선할 수 있는가? ⎦

… (중략) …

5.3.3 검사의 종류
 −(㉢)은/는 피험자가 사전에 설정된 성취 기준에 도달했는지에 대한 정보를 제공하는 검사
 −(㉣)은/는 피험자 간의 상대적인 위치를 평가하며, 상대평가 혹은 상대비교평가라고 부르기도 함. 상대적 서열에 대한 변환점수의 예로 표준점수, 스테나인 점수, (㉤) 등이 있음

… (하략) …

---

1) 다음은 ○○초등학교에서 실시한 학교 차원의 긍정적 행동 지원의 ㉠ 단계 활동이다. 적절하지 <u>않은</u> 것 1가지를 골라 기호와 이유를 쓰시오. [1점]

ⓐ 학교 차원의 기대 행동은 '기본예절 지키기', '안전하게 행동하기', '책임감 있게 행동하기'의 3가지로 정하였다.
ⓑ 문제행동이 심한 학생들에게 개별화된 집중 교육을 실시하였다.
ⓒ 학교 차원의 기대 행동을 시각 자료로 제작하여 해당 장소에 게시하였다.
ⓓ 학교 차원의 기대 행동을 가르친 후, 학생들이 지키고 있는지 지속적으로 관찰했고, 이러한 점검이 이루어지고 있음을 학생들에게 알려 주었다.

---

2) [A]를 고려하여 ㉡에 들어갈 말을 쓰시오. [1점]

3) ㉢과 ㉣에 들어갈 검사 종류의 명칭을 각각 쓰시오. [1점]

 ㉢ :

 ㉣ :

4) 다음은 ㉤에 대한 설명이다. ㉤에 들어갈 말을 쓰시오. [1점]

• 전체 학생의 점수를 크기 순으로 늘어놓고 100등분 하였을 때의 순위
• 특정 점수 이하의 점수를 받은 학생 사례 수를 전체 학생 사례 수에 대한 백분율로 나타낸 것
• 상대적 위치 점수

---

(16)

정답 및 예시답안

1) ① 민지의 처리속도 점수보다 낮은 점수를 얻은 학생들은 전체의 3%이다.
　② 민지의 처리속도의 진점수가 61~85점 사이에 있을 확률은 95%이다.
2) ⓒ / 백분율은 절대적인 해석을 하기 위한 점수로서 규준에 근거하여 상대적 위치를 판단하는 이 검사에서 활용하는 점수유형이 아니기 때문이다.
　⑩ / 지능검사는 시공간 능력 등의 개인의 인지능력을 측정하고자 하는 검사이지 학습성취도를 측정하는 검사가 아니므로 매달 향상정도를 살펴본다는 것은 적절하지 않다.

알찬 지문풀이

• ㉠ ➡ 웩슬러 지능검사의 특성

• ㉡ ➡ 규준참조검사와 표준화검사도구를 의미

• ㉢ ➡ 백분위를 보고 판단

관련이론

✦ **한국 웩슬러 아동지능검사 5판(K-WPPSI-Ⅴ)**

목적 및 대상	• 전반적인 지적 능력을 확인하는 것은 물론, 영재 및 지적장애를 판별하기 위해서 사용할 수 있다. 낮은 학업성취를 보이는 학생들의 경우, 인지적 측면에서의 결함을 찾기 위해서 사용하기도 한다. • 검사 대상은 만 6세 0개월부터 16세 11개월까지의 아동이다.
실시 방법 및 채점	• 검사 설명서와 기록용지에 제시된 순서대로 검사를 실시한다. • 전체 IQ 소검사들을 제일 먼저 실시하고, 그 다음에는 나머지 기본 소검사들을 실시한다. • 추가 소검사들은 필요 시 그 이후에 실시한다. 구체적으로는 ① 토막짜기, ② 공통성, ③ 행렬추리, ④ 숫자, ⑤ 기호쓰기, ⑥ 어휘 , ⑦ 무게비교, ⑧ 퍼즐, ⑨ 그림기억, ⑩ 동형찾기, ⑪ 상식, ⑫ 공통그림찾기, ⑬ 순차연결, ⑭ 선택, ⑮ 이해, ⑯ 산수 순으로 소검사를 실시한다. • 소검사 실시 순서의 변경은 임상적으로 필요한 경우에만 가능하다. 실시 순서를 변경할 경우, 변경사항을 기록용지에 기록하고 결과를 해석할 때 고려해야 한다. • 검사는 소검사별로 시작점, 역순규칙, 중지규칙이 있다. 소검사별로 지침서에 기록되어 있는 연령별 시작점에서 실시하며, 지적장애나 낮은 인지능력을 보이는 아동은 생활연령과 관계없이 1번 문항부터 시작한다. 그러나 '기호쓰기, 동형찾기' 소검사는 지적 능력과는 관계없이 항상 아동의 생활연령에 따라 검사를 실시한다. 아동이 처음 제시되는 두 문항 중 어떤 문항에서는 만점을 받지 못하면 역순으로 검사를 실시한다. 중지규칙은 소검사별로 다르며, 일반적으로 아동이 특정 개수의 문항에서 연속으로 0점을 받으면 소검사를 중지한다. '토막짜기, 기호쓰기, 무게비교, 퍼즐, 동형찾기, 선택, 산수' 소검사는 제한 시간이 있으며, 정확한 시간 측정을 위해 초시계를 사용해야 한다.
결과 및 해석	• 검사 결과는 16개 소검사별 원점수, 환산점수, 백분위, 추정 연령 등이 제시된다. • 또한 전체 IQ 및 5개 기본지표(언어이해, 시공간, 유동추론, 작업기억, 처리속도)에 대한 환산점수 합, 지표점수, 백분위, 백분위에 따른 진단 분류(수준) 등이 제시된다. • 소검사별 환산점수는 평균이 10이고 표준편차가 3인 표준점수이며, 전체 IQ 및 10개 지표에 대한 합산점수는 평균이 100이고 표준편차가 15인 표준점수이다. • 소검사와 지표점수 결과에 대해서는 프로파일이 그림으로 제시된다. 이 외에도 지표점수에 대해서는 강점과 약점, 지표점수 간 차이 비교, 소검사에서의 강점과 약점, 소검사 간 차이 비교 결과가 제시된다. • K-WISC-IV와는 달리, 추가분석 결과가 제시되는데, 5개의 추가지표(양적 추론, 청각 작업기억, 비언어, 일반능력, 인지효율)에 대한 환산점수 합, 지표점수, 백분위, 백분위에 따른 진단 분류(수준)가 제공된다. 추가지표에 대해서도 지표점수 간 차이 비교 결과와 소검사 간 차이 비교 결과가 제시된다. 끝으로 처리점수에 대한 분석이 이루어지는데, 처리 점수의 원점수와 환산점수, 처리점수 간 차이 비교, 처리점수의 누적비율, 이에 대한 차이 비교 결과가 제시된다.

고득점 답안 비법 ☆ 2)문항의 답안의 경우, 특히 '이유'를 제시하는 것에 맞추어 답안을 작성해야 함

16

2018. 유
★답안작성

(가)는 5세 유아 민지의 한국판 웩슬러 유아 지능검사(K-WPPSI-Ⅳ) 결과의 일부이고, (나)는 특수학급 김 교사와 통합학급 최 교사가 민지의 검사 결과에 대해 나눈 대화이다. 물음에 답하시오. [5점]

(가)

척도	환산 점수 합	지표 점수	백분위	95% 신뢰 구간	분류 범주
언어이해	10	71	3.0	61~81	경계선
시공간	6	58	0.3	45~71	매우 낮음
유동추론	8	66	2.0	58~74	매우 낮음
작업기억	8	64	1.0	54~74	매우 낮음
처리속도	10	73	3.0	61~85	경계선
전체척도	26	60	0.5	47~73	매우 낮음

(나)

최 교사: 민지 어머니께서 지능검사 결과를 민지 편에 보내셨어요.

김 교사: 이 검사는 ㉠민지의 지능을 또래와 비교하여 상대적인 위치를 보여 주는 검사예요.

최 교사: 그럼, 비교할 수 있는 점수표가 있나요?

김 교사: 네, ㉡민지와 같은 또래들과 비교할 수 있도록 규준이 만들어져 있고, 실시 방법과 채점 방법 등이 정해져 있어요.

최 교사: 그럼, ㉢각 지표마다 백분율 점수를 산출하는 것이 중요하겠네요.

김 교사: ㉣민지의 검사 결과 프로파일을 보니 민지는 시공간 능력이 제일 낮아요.

최 교사: 그러면 민지의 시공간 능력 발달 정도를 알려면 ㉤매달 이 검사를 실시해서 시공간 능력이 향상되었는지 살펴보아야겠어요.

1) (가)에서 민지의 '처리속도' 분석 결과를 ① 백분위와 ② 신뢰구간에 근거하여 해석하시오. [3점]

①:

②:

2) (나)의 밑줄 친 ㉠~㉤ 중에서 틀린 내용 2가지를 찾아 기호와 그 이유를 각각 쓰시오. [2점]

①:

②:

17

정답 및 예시답안

1) 일반 유아 집단
2) ① 정신지체
   ② 84
3) 준거참조검사

문제 속 자료분석

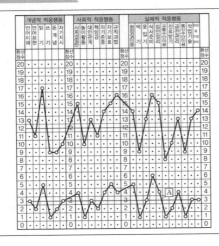

➡ A 그래프와 A 위의 그래프의 의미를 이해해야 함.
 A 그래프는 일반 규준에서의 결과이고, A 위의 그
 래프는 정신지체 규준에서의 결과

18

정답 및 예시답안

②

알찬 지문풀이

• ㄴ. '준거참조평가(criterion-referenced evaluation)'는 학생의 점수를 또래 집단과 비교함으로써 집
 단 내 학생의 상대적 위치에 대한 정보를 제공한다. ➡ 준거참조평가는 숙달수준(준거)에 비교하여
 얼마나 숙달하였는지를 평가하는 것이며, 〈보기〉의 설명은 규준참조평가에 대한 설명

• ㄹ. '관찰'에서 사용하는 '시간표집법'은 일정 관찰거간 동안 지속적으로 관찰하여 관찰 대상 행동이
 발생할 때마다 기록하는 방법이다. ➡ 시간표집법은 시간 간격의 끝나는 순간에 행동 발생 여부를
 관찰하는 것

관련이론

✦ 구조화에 따른 면접 유형
1) 비구조화 면접
 • 특정한 지침 없이 면접자가 많은 재량을 가지고 융통성 있게 질문을 해 나가는 것이다.
 • 전반적인 문제를 확인해 보는 데 유용하며 특정 영역을 심층적으로 다루고자 할 때나 아동의 문
  제가 즉각적인 의사결정을 필요로 할 만큼 심각한 상태일 때 특히 선호한다.
2) 반구조화 면접
 • 미리 준비한 질문 목록을 사용하되 응답 내용에 따라 필요한 추가 질문을 하거나 질문 순서를
  바꾸기도 하면서 질문을 해 나가는 것이다.
 • 심리적 관심사나 신체적 문제에 대한 자세한 정보를 얻고자 할 때 특히 유용하다.
3) 구조화 면접
 • 미리 준비된 질문 목록 순서에 따라 정확하게 질문을 해 나가는 것이다.
 • 면접자에게 재량이나 융통성이 거의 주어지지 않으며 정신의학적 진단을 내리거나 연구를 위한
  자료를 얻고자 할 때 특히 유용하다.

17 | 2013추. 유

다음은 일반 유아와 정신지체 유아 집단을 규준집단으로 하여 동희의 적응행동 수준을 작성한 적응행동 검사(KISE-SAB) 프로파일이다. 물음에 답하시오. [4점]

개념적 적응행동							사회적 적응행동								실제적 적응행동											
언어이해	언어표현	읽기	쓰기	돈개념	자기지시	환산점수	사회성일반	놀이활동	대인관계	책임감	자기존중	자기보호	규칙과법	환산점수	화장실이용	먹기	옷입기	식사준비	집안정리	교통수단이용	진료받기	금전관리	통신수단이용	작업기술	안전및건강관리	환산점수

(환산점수 척도: 20 ~ 0, A는 동희의 소검사 환산점수선)

1) A는 동희의 소검사 환산점수선이다. 어떤 집단을 규준집단으로 한 프로파일인지 쓰시오. [1점]

2) 동희의 적응행동지수를 해석한 다음의 문장을 완성하시오. [2점]

> 동희의 전체 적응행동지수는 115이다. 이는 (①) 유아 규준집단의 약 (②)%가 동희보다 낮은 적응행동 점수를 받았음을 의미한다.

① :

② :

3) 이 적응행동 검사는 규준집단의 평균으로부터 적어도 2표준편차 이하의 수행을 나타낼 때 적응행동에 유의미한 제한성을 지닌 것으로 해석한다. 이와는 달리 개인의 수행을 규준집단의 수행수준과 비교하지 않고, 개인이 일정 숙달수준에 도달했는지의 여부를 알아볼 수 있는 검사 유형을 무엇이라고 하는지 쓰시오. [1점]

18 | 2013. 중
★답안작성

장애학생의 진단·평가를 위해 활용하는 방법 및 특징에 대한 설명으로 옳은 것만을 〈보기〉에서 있는 대로 고른 것은?

> **보기**
>
> ㄱ. '표준화 검사'의 장점 중 하나는 측정 영역에 대한 학생의 수준을 객관적으로 볼 수 있다는 점이다.
> ㄴ. '준거참조평가(criterion-referenced evaluation)'는 학생의 점수를 또래 집단과 비교함으로써 집단 내 학생의 상대적 위치에 대한 정보를 제공한다.
> ㄷ. '관찰'은 일상적인 상황에서 나타나는 학생의 행동을 기록함으로써 특정현상에 대한 자료를 수집하는 방법이다.
> ㄹ. '관찰'에서 사용하는 '시간표집법'은 일정 관찰기간 동안 지속적으로 관찰하여 관찰 대상 행동이 발생할 때마다 기록하는 방법이다.
> ㅁ. '구조화 면접'은 질문의 내용과 순서를 미리 준비하여 정해진 방식대로 질문해 나가는 면접이다.

① ㄱ, ㄴ, ㄹ
② ㄱ, ㄷ, ㅁ
③ ㄴ, ㄷ, ㅁ
④ ㄴ, ㄹ, ㅁ
⑤ ㄱ, ㄷ, ㄹ, ㅁ

19

정답 및 예시답안

1) 화용론
2) ① 서술기록
   ② 질문 내용이 정해진 구조화된 면담과 달리 ⓒ은 융통성 있게 질문을 하며 다양하고 심층적인 정보를 얻을 수 있는 장점이 있다.
3) 유치원 C

관련이론

✦ **면담**

• 면접자와 피면접자 간의 면대면 대화를 통해 일련의 질문에 대한 반응을 기록함으로써 자료를 수집하는 방법으로, 특수아 평가의 거의 모든 단계에서 의미 있는 정보를 제공
• 복잡한 문제에 대한 면접자와 피면접자의 직접적인 대화와 접촉을 통해 다양하고도 심층적인 정보를 수집
• 면접 과정에서 질의응답이나 보충설명을 통해서 피면접자에게 질문의 의미를 충분하게 이해시킬 수 있으므로 정확한 정보를 수집할 수 있음
• 면접 과정에 대한 시간과 노력이 많이 소요됨
• 면접자의 태도와 행동이 피면접자에게 영향을 미치기 때문에 반응이 왜곡될 가능성이 있음
• 일반적으로 면접 결과의 신뢰도와 객관도가 낮고, 통계적인 분석에도 제약을 받음

구조화 정도에 따라	• 구조화 면접 / 반구조화 면접 / 비구조화 면접
피면접자에 따라	• 교사면접 / 부모면접 / 학생면접

고득점 답안 비법 ✗ 답안작성 시, 구조화된 면담과 비교하는 것, 정보 수집 측면의 내용을 쓰는 것이 포인트

19

2024. 유
★답안작성

(가)와 (나)는 유아특수교사 김 교사가 쓴 반성적 저널의 일부 이다. 물음에 답하시오. [5점]

(가)

[4월 ○○일]

한 달 동안 연우의 대화를 관찰한 결과, 어휘와 문법에 서는 연령에 적합한 발달을 보였다. 그러나 연우는 ㉠상 황과 목적에 맞게 말을 하는 데 어려움을 보였다. 또한 친 구들과 대화할 때 대화 순서를 지키거나 적절한 몸짓과 얼굴 표정을 나타내는 것에도 어려움을 보였다.

연우의 의사소통 능력의 향상을 위하여 유치원과 가정 에서 보다 체계적인 지원이 필요하다고 생각했다. 이를 위 해 ㉡연우의 의사소통 장면을 주의 깊게 관찰하여 그 내 용을 간결하고 객관적인 글로 기록하려 한다. 이 자료는 연우의 의사소통 발달 정도를 파악하고 중재를 계획하는 데 도움이 될 것이다. 그리고 연우가 가정에서 보이는 의 사소통의 특징을 파악하기 위해 보호자와 ㉢비구조화된 면담을 실시하려고 한다.

(나)

[4월 □□일]

오늘 아이들과 함께 화단 가꾸기를 했다. 나는 식물을 심고 난 후 교실에서 팻말에 식물 이름을 적는 활동을 통 해 아이들에게 ㉣자연스럽게 쓰기 활동의 기회를 주었다. 우리 교실은 ㉤책과 포스터 등 풍부한 언어적 환경을 갖 추고 있어 쓰기 활동에도 좋은 자원이 될 것이다.

꽃 팻말 쓰기 활동 중 연우가 ㉥창안적 글자 쓰기 (invented spelling)를 하는 모습을 보여 격려해 주었다. 앞 으로 보다 발전적인 쓰기 활동을 할 수 있도록 ㉦교사 중 심의 체계적인 지도가 필요할 것 같다.

〈'나팔꽃'을 쓴 연우의 팻말〉

---

1) (가)의 ㉠을 참고하여 언어학의 5가지 하위 영역 중 연우가 어려움을 나타내는 영역을 쓰시오. [1점]

2) (가)에서 ① ㉡에 해당하는 관찰 기록법을 쓰고, ② ㉢의 장점을 정보 수집 측면에서 구조화된 면담과 비 교하여 1가지 쓰시오. [2점]

　① :

　② :

3) ① (나)의 ㉣~㉦ 중 유아의 발현적 문해력(emergent literacy)에 기반한 지도 방법으로 적절하지 않은 것 을 1가지 찾아 기호와 함께 그 이유를 쓰고, ② 연우 의 팻말 쓰기에 나타난 창안적 글자 쓰기의 원인을 언 어 지식의 측면에서 쓰시오. [2점]

　① :

　② :

20

②

알찬 지문풀이

- ㄱ. ~~CBM 방식은 계산 유창성 문제의 원인을 밝히는 데 유용하다.~~ ➡ 유창성의 정도를 확인할 수 있으나 원인을 밝히기 어려움

- ㄴ. ~~CBM 방식은 준거참조검사의 대안적인 방법으로 비형식적인 사정에 속한다.~~ ➡ 규준참조검사의 대안

- ㄷ. CBM 결과는 교수법을 변경하거나 수정하기 위한 자료로 활용될 수 있다. ➡ 학생의 수행수준을 목표수준을 기준으로 비교하여 교수법을 변경하거나 수정할 수 있음

- ㄹ. ~~CBM 결과로 계산 유창성의 수준뿐만 아니라 효율적인 계산 전략의 적용 여부를 파악할 수 있다.~~ ➡ 계산 과정에서 어떤 전략을 사용하였는지는 알 수 없음

- ㅁ. ~~CBM 결과로 계산 유창성의 진전 여부를 확인할 수 있지만, 또래의 성취 수준과 비교는 할 수 없다.~~ ➡ CBM은 규준참조에 대한 대안이며 그 결과를 규준 내에서 비교할 수 있음

- ㅂ. CBM 방식에서 계산 유창성 점수는 일정 시간 동안 계산 문제의 답을 쓰게 한 후 정확하게 쓴 숫자를 세어 산출할 수 있다. ➡ 유창성은 정확도와 숙달정도를 파악하는 개념이며, 시간 내에 얼마나 정반응을 하였는지를 포함하는 개념임

관련이론

✦ 교육과정중심측정(CBM)

의미 및 특징	• 아동의 요구에 맞도록 교수 프로그램을 변경하거나 수정하기 위해 교사가 활용할 수 있는 자료를 제공하도록 설계되며, 교수 프로그램 수정 후 아동의 진전을 사정하는 데에 강조점을 둔다. • 교육과정중심측정을 활용하기 위해서는 먼저 장기 혹은 연간 교육목표를 설정한 후 측정할 기능이나 행위를 선정한다. 그다음 표준화된 측정 방법을 사용하여 측정하고 그 결과에 따라 교수방법을 형성적으로 수정해 간다. • 이를 통해 교사들은 학생들의 학습 속도나 정도를 파악하고, 언제 교수방법상의 변화가 필요한지 알 수 있을 뿐만 아니라, 학습목표의 적절성 등을 모두 한꺼번에 알 수 있다.
장점	• 학생의 진보에 근거해서 교수 결정이 이루어지도록 강조한다는 것 • 교육과정중심측정이 어떤 교육과정의 패러다임이라도 수용할 수 있다는 것 • 학생들을 지속적으로 사정하는 방법을 교사들에게 훈련시킬 때 유용하다는 것
단점	• 교육과정을 수정할 수 있는 방법을 정확하게 규정할 수 있는 기법이 없음 • 학생들의 학습 방법보다는 특정 기술에 초점이 맞추어져 있다는 것
단계	① 측정할 기술을 확인한다. ② 검사지를 제작한다. ③ 검사의 실시 횟수를 정한다. ④ 기초선 점수를 결정한다. ⑤ 목표점수/진전선을 설정한다. ⑥ 자료를 수집한다. ⑦ 자료에 대해 해석한다.

21

(가) 교육과정중심측정(CBM)
(나) 자기교정

관련이론

✦ 자기교정법

학생 자신이 쓴 단어와 정답을 비교하여, 자신이 잘못 철자한 단어를 확인하여 수정한 후, 단어를 바르게 베껴 쓰는 방법이다. 가리고, 기억하여 쓰고, 비교하기는 자기교정법에 속하는 활동이다.

핵심테마 체크 ✓

• 교육과정중심측정

MY MEMO

핵심테마 체크 ✓

• 교육과정중심측정(CBM)
• 자기교정법

MY MEMO

20 | 2011. 중

김 교사는 학습장애가 의심되는 학생 A를 대상으로 계산 유창성 훈련을 실시하고 그 결과를 교육과정중심측정 (curriculum-based measurement, CBM) 방식으로 평가하고 있다. 학생 A에게 실시하는 CBM 방식에 대한 설명으로 적절한 것만을 <보기>에서 모두 고른 것은? [2.5점]

┌─ 보기 ─────────────────────────────────┐
ㄱ. CBM 방식은 계산 유창성 문제의 원인을 밝히는 데 유용하다.
ㄴ. CBM 방식은 준거참조검사의 대안적인 방법으로 비형식적인 사정에 속한다.
ㄷ. CBM 결과는 교수법을 변경하거나 수정하기 위한 자료로 활용될 수 있다.
ㄹ. CBM 결과로 계산 유창성의 수준뿐만 아니라 효율적인 계산 전략의 적용 여부를 파악할 수 있다.
ㅁ. CBM 결과로 계산 유창성의 진전 여부를 확인할 수 있지만, 또래의 성취 수준과 비교는 할 수 없다.
ㅂ. CBM 방식에서 계산 유창성 점수는 일정 시간 동안 계산 문제의 답을 쓰게 한 후 정확하게 쓴 숫자를 세어 산출할 수 있다.
└──┘

① ㄱ, ㄴ   ② ㄷ, ㅂ
③ ㄱ, ㄴ, ㅁ   ④ ㄴ, ㄷ, ㅂ
⑤ ㄷ, ㄹ, ㅁ, ㅂ

21 | 2015. 중 ★답안작성

다음은 새로 부임한 최 교사가 박 교사에게 학습장애 학생 A와 B에 대하여 자문을 구하는 대화 내용이다. (가)와 (나)에서 박 교사가 학생 A와 B를 위해 제시한 방법이 무엇인지 순서대로 쓰시오. [2점]

(가)

┌──┐
최 교사: 선생님, A가 문장의 주어와 서술어를 찾는 것에 많은 오류를 보입니다. 이러한 오류를 줄여주기 위해 A의 수행을 어떻게 점검하면 좋을까요?
박 교사: 교육과정 중심사정(CBA) 중 한 가지 방법을 소개해 드릴게요. 이 방법은 현재 A에게 필요한 구체적인 학습 목표에 근거하여 교수결정을 하게 되니 선생님께서도 쉽게 사용하실 것 같아요. 일단 선생님이 20개 문장을 학습지로 만들어서 A에게 제공하고, 주어와 서술어에 정확하게 밑줄 치게 해 보세요. 3분 후 학습지를 채점해서 정답과 오답의 수를 표로 작성하여 A에게 보여 주세요. 이러한 방식으로 매일 측정된 결과의 변화를 A에게 보여 주세요. 그러면 A도 그래프와 표로 자신의 진전을 확인할 수 있어서 학습 목표를 달성하는 데 도움이 될 것 같아요.
└──┘

(나)

┌──┐
최 교사: 선생님, B는 철자를 쓰는 데 어려움이 있어요. '깊이'를 '기피'라던가 '쌓다'를 '싸타'처럼 소리 나는 대로 쓰는 경향이 있어요. 이런 경우에는 어떻게 지도해야 하나요?
박 교사: B의 학습 특성은 어떠한가요?
최 교사: B는 스스로 참여하는 학습 과제에 흥미를 느낍니다.
박 교사: 그렇다면 B의 학습 특성상 학생이 주도적으로 학습할 수 있는 방법이 좋을 것 같아요. 초인지 전략 중 자기 점검과 자기교수법을 변형시킨, 철자법을 스스로 확인하는 방법을 쓰면 좋겠어요. B가 '깊이'를 '기피'로 잘못 썼다면 정답을 보여 주고 자신이 쓴 답과 정답을 비교하고, 이를 확인하고, 수정한 후, 올바른 단어를 베껴 쓰게 하세요. 이러한 과정을 여러 번 반복하면 정확한 철자 쓰기에 도움을 줄 수 있을 것 같아요.
└──┘

핵심테마 체크 ✔

• 포트폴리오

┌─────────┐
│ MY MEMO │
└─────────┘

22

| 정답 및 예시답안 |

⑤

| 알찬 지문풀이 |

• ㄱ. 풍부한 자료 수집이 가능하므로 신뢰도와 타당도 확보가 용이하다. ➡ 포트폴리오는 신뢰도 확보가 어렵다는 단점이 있다.

| 관련이론 |

✦ **포트폴리오의 장단점**

장점	• 시간의 경과에 따른 학습의 진전을 보여 준다. • 아동의 최상의 작업이나 작품에 초점을 두어 학습에 긍정적인 영향을 미친다. • 다른 아동들과 비교하기보다는 아동 자신의 과거 작업이나 작품과 비교함으로써 동기를 더 부여한다. • 스스로 최상의 작업이나 작품을 선정하게 함으로써 자기 성찰 기술을 높인다. • 반영학습(reflective learning)을 조장한다. • 개인적 차이에 따른 조절이 가능하다. • 학습의 진전에 대해 아동, 부모, 그리고 다른 사람들과 의사소통을 원활하게 할 수 있다. • 교사와 아동 간의 협력을 강화한다. • 아동의 다양한 측면을 평가할 수 있다.
단점	• 많은 시간이 소요된다. • 주관적인 판단과 채점이 사용되어 신뢰도의 확보가 어렵다. • 정기적으로 교사와 아동 간의 포트폴리오 협의를 실시하는 데에 어려움이 따를 수 있다.

23

핵심테마 체크 ✔

• 포트폴리오
• 타당도와 신뢰도

┌─────────┐
│ MY MEMO │
└─────────┘

| 정답 및 예시답안 |

③

| 알찬 지문풀이 |

• ㄹ 수행사정에는 필수적으로 포함되어 있는 자기평가가 포트폴리오 사정에는 채와 ➡ 포트폴리오는 자기평가를 포함한 다양한 방법을 활용

• ㅁ 타당도를 높이기 위해서는 두 명 이상이 채점한 결과를 비교하는 것이 필요 ➡ 두 명 이상의 채점결과를 비교하는 것은 신뢰도를 확인하는 방법

| 관련이론 |

✦ **신뢰도**

정의		• 동일한 검사도구를 반복 실시했을 때 개인의 점수가 일관성 있게 나타나는 정도, 즉 반복시행에 따른 검사도구의 일관성의 정도
종류	검사-재검사	• 동일한 검사를 동일한 집단에게 일정 간격을 두고 두 번 실시하여 얻은 점수 간의 상관계수에 의해 추정되는 신뢰도
	동형	• 두 개의 동형검사를 제작한 뒤 동일한 집단에게 일정한 간격을 두고 실시하여 얻은 점수 간의 상관계수에 의해 추정되는 신뢰도
	내적 일관성	• 검사를 구성하고 있는 부분검사 또는 문항들 간의 일관성의 정도 • 반분 신뢰도: 한 번 실시한 검사를 두 부분으로 나누어 두 부분검사점수의 상관계수를 산출하여 추정하는 신뢰도 • 문항내적 일치도: 개별 문항들을 하나의 검사로 간주하여 문항들 간의 일관성을 추정한 신뢰도
	채점자 간	• 두 검사자가 동일집단의 피검자에게 부여한 점수 간의 상관계수에 의해 추정되는 신뢰도

22

포트폴리오 평가에 대한 바른 설명을 <보기>에서 모두 고른 것은?

─ 보기 ├─

ㄱ. 풍부한 자료 수집이 가능하므로 신뢰도와 타당도 확보가 용이하다.

ㄴ. 활동 사진, 비디오 테이프, 활동 결과물과 같은 다양한 자료를 활용할 수 있다.

ㄷ. 활동 내용, 개별화교육계획의 목표, 활동 주제에 따라 다양하게 조직될 수 있다.

ㄹ. 발달지체 유아의 발달적 변화를 파악하기에 적합한 방법이다.

ㅁ. 유아의 수행에 기초한 평가의 한 형태이며, 유아의 강점과 약점을 파악하는 데 필요한 근거를 제공한다.

① ㄱ, ㄴ, ㄷ
② ㄴ, ㄷ, ㄹ
③ ㄷ, ㄹ, ㅁ
④ ㄱ, ㄴ, ㄷ, ㄹ
⑤ ㄴ, ㄷ, ㄹ, ㅁ

23

다음은 특수교사 연구회 모임에서 포트폴리오 사정에 대해 나눈 대화이다. ㉠~㉤에서 옳은 것만을 모두 고른 것은?

김 교사: 저는 학생들이 작성한 쓰기 표본, 녹음 자료, 조사 보고서 등을 수집해서 실시하는 포트폴리오 사정을 하려고 해요.

박 교사: 저도 ㉠우리 반 학생들은 장애 정도가 다양하고, 오랫동안 외국에서 생활하고 온 학생도 있어서 포트폴리오 사정이 효과적이라고 생각해서 사용하고 있어요.

이 교사: 그런데 ㉡포트폴리오에는 학생의 과제수행 표본뿐만 아니라 교사가 요약한 자료도 포함된다고 하는데 시간이 많이 걸리지 않나요?

정 교사: 그럴 수도 있어요. 그래서 저는 ㉢체크리스트와 평정척도를 포트폴리오 사정에 활용해서 시간을 효율적으로 쓰고 있어요.

양 교사: 맞아요. ㉣수행사정에는 필수적으로 포함되어 있는 자기평가가 포트폴리오 사정에는 제외되어 있어서 시간이 절약되더라고요.

최 교사: 그런데 이 평가 방법은 타당도에 문제가 있을 수 있잖아요. ㉤타당도를 높이기 위해서는 두 명 이상이 채점한 결과를 비교하는 것이 필요하다고 생각해요.

① ㉠, ㉡
② ㉠, ㉤
③ ㉠, ㉡, ㉢
④ ㉡, ㉢, ㉣
⑤ ㉢, ㉣, ㉤

정답 및 예시답안

1) 은주의 일반 시지각 지수는 평균으로부터 2 표준편차 이하에 해당하는 수준이다. 은주의 일반 시지각 지수는 -2 표준편차 이하에 해당하는 수준이다 등

2) 수행의 과정과 결과에 대해 모두 초점을 두고 평가하기 위해서이다.

3) ① (다) 총체적 채점방법, (라) 평정척도 방법
   ② 드라이버로 나사를 오른쪽(시계 방향)으로 돌려 나사못을 죈다.

관련이론

✦ 수행사정

1) 수행사정의 의미
   • 수행사정은 학생이 어떠한 과제를 수행하도록 요구한다. 학생의 수행은 무언가를 만들고 구성하거나, 독창적인 예술에 참여하거나, 과제를 설명하거나 또는 다른 사람들이 관찰하도록 과제를 모델화하는 등 여러 가지 방식으로 제시될 수 있을 것이다.
   • 수행사정을 실시하려면 학생들은 어떠한 과제를 수행하는 데 필요한 능력을 숙달했다는 것을 몇 가지 방식으로 보여 주어야만 한다.

2) 수행사정의 단계
   ① 수행성과를 구체화한다.
   ② 사정의 초점을 선택한다(과정, 결과 또는 과정과 결과).
   ③ 적정 수준의 현실성을 선택한다.
   ④ 수행상황을 선택한다.
      ㉠ 지필수행
      ㉡ 확인검사
      ㉢ 구조화 수행검사
      ㉣ 모의수행
      ㉤ 작업표본
   ⑤ 채점방법을 선택한다.

채점방법	제작의 용이성	채점의 효율성	신뢰도	방어성	피드백의 질
검목표 방법	낮음	보통	높음	높음	높음
평정척도 방법	보통	보통	보통	보통	보통
총체적 채점방법	높음	높음	낮음	낮음	낮음

고득점 답안 비법 ✪ 1) : 평균과 표준편차의 개념으로 설명할 것

✪ 2) : 수행사정의 초점을 선택한다는 것은 과정, 결과, 과정과 결과 중 어디에 초점을 두는지에 대한 것

24

(가)는 은주의 시지각발달검사(K-DTVP-3) 결과의 일부이고, (나)는 특수 교사가 은주와 현우에게 적용한 수행 사정(performance assessment) 절차이다. (다)는 은주의 수행 채점기준표이고, (라)는 현우의 수행 채점표이다. 물음에 답하시오. [5점]

(가) 은주의 시지각발달검사 결과 일부

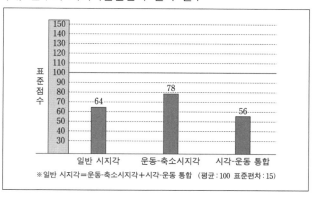

※ 일반 시지각=운동-축소시지각+시각-운동 통합 (평균 : 100 표준편차 : 15)

(나) 수행사정 절차

단계	수행사정 절차 내용
1단계	수행성과 구체화하기
2단계	㉠ 수행사정의 초점 선택하기
3단계	적정 수준의 현실성 선택하기
4단계	수행 상황 선택하기
5단계	채점 방법 선택하기

(다) 은주의 수행 채점기준표

※ 해당 점수에 ○표 하시오.

3 ___
 • 교사가 보여 주는 모양과 같은 드라이버를 매우 잘 꺼냄
 • 교사가 나사못에 드라이버를 맞추어 주면 매우 잘 돌림
 • 건전지 교체를 매우 잘함
 • 공구함 정리와 끝마무리가 전반적으로 매우 깔끔함

2 ___
 • 교사가 보여 주는 모양과 같은 드라이버를 대체로 잘 꺼냄
 • 교사가 나사못에 드라이버를 맞추어 주면 대체로 잘 돌림
 • 건전지를 대체로 잘 교체함
 • 공구함 정리와 끝마무리가 대체로 깔끔함

1 ___
 • 교사가 보여 주는 모양과 같은 드라이버를 잘 꺼내지 못함
 • 교사가 나사못에 드라이버를 맞추어 주어도 잘 돌리지 못함
 • 건전지를 잘 교체하지 못함
 • 공구함 정리와 끝마무리가 거의 깔끔하지 못함

(라) 현우의 수행 채점표

※ 다음과 같이 1~3점으로 판단하여 해당 숫자에 ○표 하시오.

	문항	못함	보통	잘함
1	사운드 북의 나사못 형태(+/−)에 맞는 드라이버를 공구함에서 찾아 꺼낸다.	1	2	③
2	사운드 북의 나사못에 드라이버를 수직으로 맞추고 드라이버를 왼쪽(시계·반대 방향)으로 돌려 나사못을 푼다.	1	②	3
3	사운드 북의 뚜껑을 열어 건전지를 꺼낸다.	1	②	3
4	새 건전지의 +/−를 확인하고 건전지를 교체한다.	1	2	③
5	사운드 북의 뚜껑을 덮고 나사못을 구멍에 맞춘다.	1	②	3
6	㉡	1	②	3
7	사운드 북 뚜껑에 나사못이 정확히 끼워져 있다.	1	②	3
8	공구함 정리와 끝마무리가 깔끔하다.	1	②	3

요약 : [(2×6)+(3×2)]÷8=2.25

1) (가)에서 시지각발달검사 표준점수의 평균과 표준편차에 의거하여 은주의 일반 시지각 지수가 어느 정도인지 쓰시오. [1점]

2) (다), (라)와 같이 채점 문항을 구성한 이유를 ㉠과 연관시켜 쓰시오. [1점]

3) ① (다)와 (라)의 수행 채점 방법의 명칭을 각각 쓰고, ② (라)의 ㉡에 알맞은 문항 예시를 작성하시오. [3점]

 ① (다) :

 　(라) :

 ② :

핵심테마 체크 ✔

• 루브릭
• 교수방법의 수정

MY MEMO

25

정답 및 예시답안

1) 관찰
2) 학생에게 탐구할 기회 제시
3) ① 루브릭은 학생에게 과제의 학습목표나 기대수준을 제시하여 수행에 대한 지침이 될 수 있다.
   ② 야외 탐구 활동 및 현장학습 시에는 사전 답사를 실시하거나 관련 자료를 조사하고 안전 지도를 한다.
4) 교수방법(자료)의 수정

관련이론

✦ **루브릭**

• 루브릭은 채점준거(scoring criterion), 채점지침(scoring guidelines)으로도 불림
• 수행준거를 측정 가능하게 하여 척도화한 것으로 성취 수준에 대한 정확한 묘사를 토대로 작업의 질을 평가하는 채점도구
• 루브릭은 숙달된 학습과정과 기술이 무엇이고 그렇지 못한 것은 무엇인지를 판별하게 해줌으로써 효과적인 교수 결정과도 관계가 됨
• 루브릭은 과제 수행에 대한 기대 사항을 일목요연하게 보여 주는 평가준거
• 루브릭을 이용한 평가는 학생이 완성한 결과물의 질적인 수행수준을 판단하기 위해 채점기준표를 마련하여 평가하는 방식

핵심테마 체크 ✔

• 역동적 평가

MY MEMO

26

정답 및 예시답안

㉠ 역동적 평가(dynamic assessment)
㉡ 과정

관련이론

✦ **역동적 평가**

• 비고츠키의 근접발달영역 이론에 근거하여 개별 학생의 향상도를 평가하기 위한 방법
• 개별 학생의 향상도 측정과 개별 학생의 교수·학습활동을 개선하거나 촉진하기 위해 어떠한 교육적 처방이 필요한지를 파악하는 것을 목적으로 함
• 역동적 평가는 발달 중인 과정을 강조하여 학습결과보다는 학습과정에 초점을 맞춤
• 역동적 평가에서는 피드백이나 힌트를 제공하여 장애학생이 주어진 문제를 해결하는 데 어떤 피드백을 얼마나 활용하는지 확인하여 학생의 학습능력을 평가함
• 평가자가 장애학생을 도와줌으로써 평가자와 학습자 간의 역동적인 상호작용을 강조한다는 점을 제시
• **장점**: 상호작용적인 교수를 통해 학생의 반응성을 최대한 이끌어 낸다는 점과 검사−교육−재검사의 과정을 거치며 중도·중복장애 학생의 교육 향상을 위해 지속적으로 노력한다는 점

| 정리 및 평가 | ○학습 결과 정리하게 하기
• 친구들과 학습 결과를 공유하고 발표하기 | ㉑ 채점기준표
(루브릭) |

25

(가)는 지적장애 학생 윤후의 특성이고, (나)는 경험학습 수업 모형을 적용하여 계획한 2011 개정 특수교육 교육과정 중 기본 교육과정 과학과 3~4학년 '식물이 사는 곳' 교수·학습 과정안이다. 물음에 답하시오. [5점]

(가)

- 윤후
  - 그림을 변별할 수 있음
  - 구어로 의사소통하는 데 어려움이 있음
  - 손으로 구체물을 조작하는 것을 좋아함

(나)

단원	7. 식물의 생활	소단원	2) 식물이 사는 곳
제재	땅과 물에 사는 식물	차시	6~8/14
장소	학교 주변에 있는 산, 들, 강가		
교수·학습 자료	사진기, 필기도구, 돋보기, 수첩, 식물도감, 채점기준표(루브릭)		
학습 목표	○식물의 모습을 여러 가지 방법으로 살펴볼 수 있다. ○식물의 모습을 비교하여 공통점과 차이점을 찾을 수 있다. ○식물을 사는 곳에 따라 분류할 수 있다.		

단계		교수·학습 활동 (○: 교사 활동, •: 학생 활동)	자료(㉑) 및 유의점(㉔)
도입		○학습 목표와 학습 활동 안내하기 ○ⓛ채점기준표(루브릭) 안내하기	㉔ (ⓒ)
전개	자유 탐색	○자유롭게 탐색하게 하기 • 식물에 대해 자유롭게 이야기 나누기 • 식물의 모습을 여러 가지 방법으로 살펴보기	㉑ 사진기, 필기도구, 돋보기, 수첩
	탐색 결과 발표	○탐색 경험 발표하게 하기 • 숲·들·강가에 사는 식물을 살펴본 내용 발표하기 • 친구들의 발표 내용 듣기	㉔ ㉢식물 그림 카드를 제공한다.
	㉠ 교사 인도에 따른 탐색	○교사의 인도에 따라 탐색하게 하기 • 여러 가지 식물의 모습을 자세히 살펴보고 공통점과 차이점 찾기 • 여러 가지 식물을 사는 곳에 따라 분류하기	㉑ 식물도감, 돋보기

1) (가)의 윤후가 (나)의 '자유탐색' 단계에서 손으로 여러 가지 식물을 만져 보는 활동을 통해 습득할 수 있는 기초탐구기능이 무엇인지 쓰시오. [1점]

2) (나)의 ㉠ 단계에서 교사가 해야 할 역할 1가지를 쓰시오. [1점]

3) (나)의 ① ⓒ을 했을 때 학생 측면에서의 이점을 1가지 쓰고, ② 2011 개정 특수교육 교육과정 중 기본 교육과정 과학과 '실험·실습 계획과 운용'에 근거하여 ㉢에 들어갈 유의점 1가지를 쓰시오. [2점]

① :

② :

4) 교사가 (가)를 고려하여 (나)의 ㉢에 적용한 교수적 수정의 유형을 쓰시오. [1점]

26

다음은 학생 A를 위한 평가 계획에 대하여 김 교사와 박 교사가 나눈 대화의 일부이다. 괄호 안의 ㉠, ㉡에 해당하는 내용을 순서대로 쓰시오. [2점]

··· (상략) ···

김 교사: K-WISC-IV와 같은 규준참조검사 이외의 다른 평가방법도 있나요?

박 교사: 예. (㉠)이/가 있어요. (㉠)은/는 정적 평가(static assessment)와는 달리 학생에게 자극이나 촉진이 주어졌을 때 학생의 반응을 통해 향상 정도를 알아보는 대안 평가 방법입니다.

김 교사: 이 평가 방법은 어떤 특징이 있나요?

박 교사: (㉠)은/는 학생의 근접발달영역(zone of proximal development)을 알아보는 평가 방법으로 학생의 가능성과 강점을 확인해 볼 수 있어요. 또한 학습 과제를 하는 동안 학생에게 적절한 피드백을 주면서 문제를 어떻게 해결하는지 확인하기 때문에 학습의 결과보다는 (㉡)을/를 강조하는 특징이 있습니다.

김 교사: 학생 A의 개별화교육에 활용할 수도 있겠군요.

(27)

정답 및 예시답안

②

알찬 지문풀이

- ㄱ. 학생 A의 읽기 능력은 일반적인 초등학교 2학년의 ~~여섯 번째~~ 달에 해당하는 학생 수준이다.
  ➡ 학년점수 2.5는 2학년 다섯 번째 달에 해당하는 수준

- ㄴ. 읽기 검사 결과의 ~~T점수~~는 원점수이므로 Z점수로 환산하였을 때 집단 내에서의 학생 A의 읽기
  수준을 알 수 있다. ➡ T점수는 Z점수에서의 복잡한 소수점을 없애기 위해 10을 곱해 주고, (ㅡ)값을
  없애기 위해 50을 더해 줌으로써 Z점수가 갖는 단점을 수정한 변환점수임($T = 10Z + 50$)

- ㄷ. 학생 A의 내재화 문제 정도는 상위 3% 안에 포함되며, 일반적으로 보았을 때 임상범위 내에
  속한다. ➡ 위축, 우울/불안이 내재화 문제에 해당하며 임상범위에 속함

- ㄹ. 학생 A의 주의집중 문제는 ±1 표준편차 범위 안에 들어, 심각하지 않은 편이다. ➡ 학생 A의
  주의집중 문제는 1~2 표준편차 사이에 분포

- ㅁ. K-CBCL은 위에 제시한 문제행동척도 이외에도 사회능력척도가 포함되어 있다. ➡ K-CBCL
  은 사회능력척도와 문제행동증후군척도로 구성되어 있음

고득점 답안 비법 ✗ 영역별 검사도구는 각 검사의 검사 목적, 검사 구성, 검사 결과를 중심으로 간략히 요약하여 암기할 것

(28)

정답 및 예시답안

③

알찬 지문풀이

- ⓘ '그림어휘력검사'를 사용하여 ~~낱말표현력을 평가~~해 보겠습니다. ➡ 그림어휘력검사는 수용언어
  에 대한 검사

- ⓔ A의 언어이해력은 어떻습니까? 만약 이해력이 부족하다면 '구문의미이해력검사'를 실시하여 원
  인 추론 이해력을 측정할 수도 있어요. ➡ 구문의미이해력검사는 언어학적 관점에서 문법적 요소와
  의미적 요소에 초점을 둠

27

다음은 중학교 1학년 학생 A의 읽기 능력과 행동 특성을 진단한 결과의 일부이다. 옳은 것만을 <보기>에서 있는 대로 고른 것은?

- 읽기 검사 결과: 학년점수(2.5), T점수(35)
  [검사도구: BASA-Reading]
- 행동 진단 결과: [검사도구: 아동·청소년 행동평가척도
  (K-CBCL)]

[K-CBCL 중의 문제행동척도 결과]

보기

ㄱ. 학생 A의 읽기 능력은 일반적인 초등학교 2학년의 여섯 번째 달에 해당하는 학생 수준이다.

ㄴ. 읽기 검사 결과의 T점수는 원점수이므로 Z점수로 환산하였을 때 집단 내에서의 학생 A의 읽기 수준을 알 수 있다.

ㄷ. 학생 A의 내재화 문제 정도는 상위 3% 안에 포함되며, 일반적으로 보았을 때 임상범위 내에 속한다.

ㄹ. 학생 A의 주의집중 문제는 ±1 표준편차 범위 안에 들어, 심각하지 않은 편이다.

ㅁ. K-CBCL은 위에 제시한 문제행동척도 이외에도 사회능력척도가 포함되어 있다.

① ㄱ, ㄴ
② ㄷ, ㅁ
③ ㄱ, ㄷ, ㅁ
④ ㄴ, ㄷ, ㄹ
⑤ ㄷ, ㄹ, ㅁ

28

특수교사가 일반교사에게 설명하고 있는 언어평가 방법으로 적절한 것을 <보기>에서 모두 고른 것은? [2.5점]

보기

일반교사: A가 무슨 말을 하는지 잘 모르겠어요 이 학생을 평가해 주실 수 있나요?

특수교사: 예, 할 수 있어요. 제가 ㉠'그림어휘력검사'를 사용하여 낱말표현력을 평가해 보겠습니다. 그리고 ㉡A의 발음이 명료하지 않지요? 혀, 입술, 턱의 움직임에도 문제가 있는지 관찰해 보겠습니다.

일반교사: 예, 고맙습니다.

특수교사: 그런데 혹시 ㉢선생님이 부모님에게 집에서 A의 자발화 표현력이 어떤지 여쭤 봐 주시겠어요?

일반교사: 예, 마침 잘 되었네요! 내일 아침에 학부모 회의가 있어요. 그때 부모님에게 여쭤 볼게요.

특수교사: ㉣A의 언어이해력은 어떻습니까? 만약 이해력이 부족하다면, '구문의미이해력검사'를 실시하여 원인 추론 이해력을 측정할 수도 있어요.
㉤선생님은 교실에서 학생의 자발화 표현력을 관찰해 주실 수 있겠어요?

일반교사: 예, 그렇게 하죠.

① ㉠, ㉣
② ㉢, ㉤
③ ㉡, ㉢, ㉤
④ ㉡, ㉣, ㉤
⑤ ㉠, ㉡, ㉢, ㉣, ㉤

(29)

정답 및 예시답안

③

알찬 지문풀이

- ① 예지는 ~~커본생활~~ 영역보다 ~~사회자립~~ 영역에서 ~~더 높은~~ 수준을 보인다. ➡ 기본생활 영역이 사회자립 영역보다 더 높은 수준

- ② 임상집단 규준에서의 예지 점수는 ~~모든 장애학생을~~ 대상으로 한 상대적 적응행동 수준을 보여준다. ➡ 임상집단은 모든 학생을 대상으로 한 것이 아님

- ④ 일반집단 규준에 근거하여 예지의 종합 점수를 볼 때, 지역사회통합 훈련에서는 ~~커본생활~~ 영역을 우선 지도해야 한다. ➡ 사회자립 영역

- ⑤ 사회자립 영역의 경우 예지의 지수 점수는 ~~임상집단 규준에서는 적응행동자체 수준을 보어지만,~~ ~~일반집단 규준에서는 평균의 수행수준을~~ 보인다. ➡ 반대로 설명

(30)

핵심테마 체크 ✓

- 사회성숙도 검사
- 지역사회 적응 검사

MY MEMO

정답 및 예시답안

- ○ ㉠은 자기관리이다.
- ○ ㉤ 검사자가 질문하면 피검사자가 답변하는 방식으로 실시한다.
- ○ ㉣이 틀렸다. 사회지수는 표준점수가 아니라 사회연령과 생활연령을 활용하여 나타낸 것이므로 표준편차로 나타낸 것은 적절치 않다.
- ○ ㉥이 틀렸다. 원점수를 백분위점수가 아니라 평균이 100이고 표준편차가 15인 표준점수로 변환하여 산출한다.

관련이론

사회 성숙도 검사	• 적응행동 검사의 한 종류로 자조, 이동, 작업, 의사소통, 자기관리, 사회화 등과 같은 변인으로 구성되는 개인의 적응행동을 평가 혹은 측정하는 데 그 목적이 있다. • 6개의 행동 영역[자조(일반, 식사, 용의), 이동, 작업, 의사소통, 자기관리, 사회화]에 걸쳐 117문항으로 구성되어 있으며, 검사 결과는 사회연령(SA: Social Age)과 사회지수 (SQ: Social Quotient)로 분석된다. • 피검사자를 잘 아는 부모나 형제, 친척, 후견인과의 면담을 통해서 실시되어야 하며, 정보 제공자의 응답이 신뢰성이 있지 못한 경우에는 대상아동을 직접 만나서 행동을 관찰하고 판단하는 것이 좋다.
지역사회 적응행동 검사 (CIS-A)	• 개인의 적응력 및 기능적 독립성 정도를 구체화하기 위한 목적으로 다양한 일상생활 영역에서 지적장애 아동의 적응행동수준을 평가하고 교육목표 및 프로그램 계획을 위한 정보를 제공하고, 지적장애인이나 발달장애인을 대상으로 지역사회에 통합되는 데 필수적인 적응기술을 포괄적으로 평가하는 검사이다. • 기본생활 영역, 사회자립 영역, 직업생활 영역의 세 영역으로 구성되어 있다. • 표준점수(평균 100, 표준편차 15)인 세 영역별 기본지수(기본생활 영역 지수, 사회자립 영역 지수, 직업생활 영역 지수)와 전반적 적응지수인 지역사회 적응지수를 제공하며, 일반집단규준과 임상집단규준에서 각각 지수를 산출하도록 한다.

고득점 답안 비법 ✗ 틀린 이유를 서술하라고 하였으나, ㉥의 경우 이유가 아니라 틀린 부분을 고치는 것이 적절한 문장임. 이 같은 경우, 고친 내용을 이유로 서술함

29

다음은 정신지체 학생 예지의 지역사회 적응검사(CIS-A) 결과를 기록한 검사지의 일부이다. 이 결과에 대한 해석으로 가장 적절한 것은?

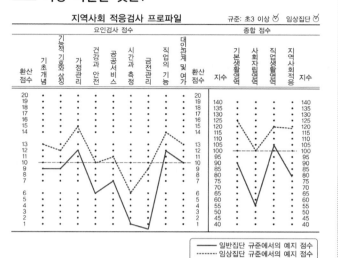

지역사회 적응검사 프로파일   규준: 초3 이상 ☑ 임상집단 ☑

― 일반집단 규준에서의 예지 점수
······ 임상집단 규준에서의 예지 점수

① 예지는 기본생활 영역보다 사회자립 영역에서 더 높은 수준을 보인다.

② 임상집단 규준에서의 예지 점수는 모든 장애학생을 대상으로 한 상대적 적응행동 수준을 보여준다.

③ 직업생활 영역의 경우 일반집단 규준에 기초한 예지의 지수 점수는 105로 평균으로부터 1 표준편차 범위 안에 있다.

④ 일반집단 규준에 근거하여 예지의 종합 점수를 볼 때, 지역사회통합 훈련에서는 기본생활 영역을 우선 지도해야 한다.

⑤ 사회자립 영역의 경우 예지의 지수 점수는 임상집단 규준에서는 적응행동지체 수준을 보이지만, 일반집단 규준에서는 평균의 수행수준을 보인다.

30

(가)는 지적장애 진단 시 사용할 수 있는 적응 행동 진단 도구를 소개한 내용이고, (나)는 적응 행동 검사 결과 해석 중 일부이다. 〈작성 방법〉에 따라 서술하시오. [4점]

(가) 적응 행동 진단 도구 소개

사회성숙도 검사 (Social Maturity Scale : SMS)	
검사 대상	0세부터 만 30세
검사 영역 구성	자조, 이동, 작업, 의사소통, (㉠), 사회화
검사 실시 방법	피검자를 잘 아는 부모나 형제, 친척, 후견인과의 면담
검사 결과 제공 점수	원점수, 사회연령, 사회지수
지역사회 적응 검사 (Community Integration Skills Assessment-2 : CISA-2)	
검사 대상	만 5세 이상의 지적장애인과 자폐성장애인을 포함한 발달장애인
검사 영역 구성	기본생활, 사회자립, 직업생활
검사 실시 방법	(㉡)
검사 결과 제공 점수	원점수, 환산점수, 영역별 (적응)지수, 적응지수

(나) 적응 행동 검사 결과 해석

㉢ 사회성숙도 검사에서 정보 제공자의 응답을 믿기 어려운 경우에는 직접 만나서 행동을 관찰하고 판단하는 것이 좋음

㉣ 사회성숙도 검사 결과에서 '사회지수'가 70(점)이라면 평균에서 대략 −2 표준 편차에 해당하는 점수라고 볼 수 있음

㉤ 지역사회 적응 검사 결과를 통해 일반 규준과 임상 규준에서의 적응 수준과 강·약점을 파악할 수 있음

㉥ 지역사회 적응 검사에서는 원점수를 백분위 점수인 영역별 (적응)지수, 적응지수로 변환하여 산출함

┌ 작성방법 ┐
• (가)에서 괄호 안의 ㉠에 해당하는 영역을 쓸 것
• (가)에서 괄호 안의 ㉡에 해당하는 내용을 서술할 것
• (나)의 ㉢~㉥ 중 틀린 내용을 2가지 찾아 기호를 쓰고, 그 이유를 각각 서술할 것

31

정답 및 예시답안

①

알찬 지문풀이

• ㄱ. A의 학업특성상 시지각검사를 실시할 필요가 있다. ➡ 반전현상이 나타나므로

• ㄴ. 포테이지 발달검사는 ~~A의 현재 발달 정도를 측정하기에 적합하다.~~ ➡ 포테이지 발달검사는 영유아를 대상으로 하는 발달검사

• ㄷ. ➡ K-WISC-Ⅲ 검사를 통해 A의 동작성 지능과 언어성 지능을 측정한다.

• ㄹ. ➡ 오세레츠키 운동능력검사는 A의 전반적인 운동능력을 측정하기에 적합하다.

• ㅁ. 학습준비도검사는 ~~A의 읽기, 쓰기 및 수학 학습 성취수준을 측정하기에 적합하다.~~ ➡ 학습준비도 검사는 학습을 하기 위한 기본 능력에 대한 검사

• ㅂ. 아동 · 청소년 행동평가척도를 통해 A의 SA(사회연령)와 SQ(사회성 지수)를 측정한다. ➡ 사회능력과 문제행동에 대한 점수

• ㅅ. 앞에 제시한 <평가도구>의 유형은 교육과정중심평가이며, 이는 교육과정에 근거한 ~~규준참조검사도구이다.~~ ➡ 지도 요소에 대한 내용을 평가 기준으로 평가하는 준거참조검사

• ㅇ. 적응행동검사를 통해 A의 적응행동능력을 측정할 수 있으며, 이 검사는 6가지 행동 영역(자조, 이동, 작업, 의사소통, 자기관리, 사회화)을 측정한다. ➡ 사회성숙도 검사의 하위 영역

31 | 2009. 중

특수학교 중학부 1학년에 재학 중인 정신지체학생 A의 개별화교육계획과 평가도구를 보고 적절한 것을 〈보기〉에서 모두 고른 것은? [2.5점]

〈개별화교육계획〉

인 적 사 항

이름:A 학교: K학교 중학부 1학년 2반 작성일자: ○○년 ○월 ○일 작성자: ○○○

구 분	내 용	구 분	내 용
생년월일	1995년 1월 25일	주소	경기도 S시
입(소)학교명	13○○학교	전화번호	○○1-500-X××
IEP 시작일	○○년 ○월 ○일	IEP 종료일	○○년 ○월 ○일

| 장애상황 | 1. 장애유형: 정신지체
2. 장애원인: 조산 및 원인불명
3. 특이사항: 경기(소발작)
　　-약물복용 | 학교장:
교　감:
교　무:
학부모: | |

진단평가	영역	도구명	검사일	검사결과
	지능		○○년 ○월 ○일	
	학습		○○년 ○월 ○일	
	행동		○○년 ○월 ○일	
	발달		○○년 ○월 ○일	
	운동		○○년 ○월 ○일	

학업특성	강 점	보완할 점
		글을 읽는 데 유창성이 낮으며, 말할 때 문장으로 자신의 의사를 표현하는 데 어려움이 있다. 숫자 쓰기나 문자 변별 과정에서 반전(reversal) 현상이 나타난다.

학부모 요구	사회성 기술 향상, 쓰기 자신감 향상, 일상생활 독립기술 향상, 미술 활동 기회화기

〈평가도구〉

영역	지도요소	평가항목 *성취준거 3/3은 완성	평가일 ○월○일
말하기	간단한 문장으로 질문하기	① 질문이 있으면 손을 들어 표시하기	∨
		② 질문 내용을 분명한 발음으로 표현하기	∨
		③ 알고 싶은 것과 모르는 것을 낱말을 사용하여 질문하기	∨
		④ 알고 싶은 것과 모르는 것을 문장을 사용하여 질문하기	
	상대에 맞게 말하기	① 나, 너, 우리 등의 대명사를 상황에 맞게 사용하기	∨
		② 상대에 따라 주어와 동사를 구분하여 말하기	
		③ 적절한 예사말과 높임말을 상대에 맞추어 사용하기	
	이어진 그림을 보고 그 내용 말하기	① 그림을 보고 물음에 맞게 그림 내용을 말하기	∨
		② 그림을 일의 순서대로 배열하기	
		③ 그림을 일의 순서대로 배열하고 내용을 차례대로 말하기	
		④ 그림을 보고 사건의 인과관계를 설명하기	
듣기	남의 말을 끝까지 듣기	① 말하는 사람을 바라보며 듣기	∨
		② 말하는 사람의 표정을 살피며 듣기	∨
		③ 말하는 사람을 바라보며 관심을 가지고 듣기	
		④ 말하는 사람을 바라보며 끝까지 듣기	
	남의 말을 주의해서 듣고 잘못 들은 말 되묻기	① 상대방이 하는 말을 주의를 집중하여 듣기	
		② 상대방이 하는 말을 차례를 생각하며 듣기	
		③ ○○하는 말을 인과○○○○며 듣기	

ㄱ. A의 학업특성상 시지각검사를 실시할 필요가 있다.

ㄴ. 포테이지 발달검사는 A의 현재 발달 정도를 측정하기에 적합하다.

ㄷ. K-WISC-Ⅲ검사를 통해 A의 동작성 지능과 언어성 지능을 측정한다.

ㄹ. 오세레츠키 운동능력검사는 A의 전반적인 운동 능력을 측정하기에 적합하다.

ㅁ. 학습준비도검사는 A의 읽기, 쓰기 및 수학 학습 성취 수준을 측정하기에 적합하다.

ㅂ. 아동·청소년행동평가척도를 통해 A의 SA(사회연령)와 SQ(사회성 지수)를 측정한다.

ㅅ. 앞에 제시한 〈평가도구〉의 유형은 교육과정중심평가이며, 이는 교육과정에 근거한 규준참조검사도구이다.

ㅇ. 적응행동검사를 통해 A의 적응행동능력을 측정할 수 있으며, 이 검사는 6가지 행동 영역(자조, 이동, 작업, 의사소통, 자기관리, 사회화)을 측정한다.

① ㄱ, ㄷ, ㄹ
② ㄱ, ㄹ, ㅇ
③ ㄱ, ㄷ, ㄹ, ㅇ
④ ㄴ, ㄹ, ㅂ, ㅅ
⑤ ㄷ, ㅁ, ㅂ, ㅅ

핵심테마 체크 ✓

• 검사도구의 해석

MY MEMO

32

정답 및 예시답안

④

알찬 지문풀이

- ㄱ. 인지처리과정척도 [마법의 창] 검사와 [수회생] 검사에서의 수행능력은 동일한 수준이다. ➡ 원점수는 같지만 백분위가 다름

- ㄴ. 습득도척도 [인물과 장소] 검사결과의 ~~표준점수 85점이 진점수가 될 확률은 95%이다.~~ ➡ 72~98 사이에 진점수가 있을 확률이 95%

- ㅁ. 검사한 결과, 정보를 ~~동서에 처리하는 능력어 순차적으로 처리하는 능력보다 더 우수함을 알 수 있다.~~ ➡ 동일

32 | 2011. 유

다음은 경도 정신지체로 진단된 수미에게 실시한 한국판 K-ABC(Korean Kaufman Assessment Battery for Children) 지능 검사 결과의 일부이다. 올바른 해석을 <보기>에서 고른 것은?

인지처리 하위검사 평균=10/표준편차=3	원점수	척도점수			백분위
		순차처리	동시처리	비언어성	
1. 마법의 창	5		7		16
2. 얼굴기억	2		7		16
3. 손동작	7	11			63
4. 그림통합	9		14		91
5. 수회생	5	11			63
6. 삼각형	3		7		16
7. 단어배열	1	4			2
8. 시각유추					
9. 위치기억					
10. 사진순서					
척도점수 합계		26	35		

습득도 하위검사 평균=100/ 표준편차=15	원점수	표준점수 ± 측정오차 95% 신뢰수준	백분위
11. 표현어휘	4	67 ± 11	1
12. 인물과 장소	2	85 ± 13	16
13. 산수	1	71 ± 8	3
14. 수수께끼	1	90 ± 11	25
15. 문자해독		±	
16. 문장이해		±	
표준점수 합계		313	

종합척도 평균=100/ 표준편차=15	척도점수/ 표준점수 합계	표준점수 ± 측정오차 95% 신뢰수준	백분위
순차처리척도	26	91 ± 8	27
동시처리척도	35	88 ± 8	21
인지처리과정척도	61	87 ± 7	19
습득도척도	313	67 ± 8	1
비언어성척도		±	

종합척도간의 비교 > · = · < ( ) 안은 유의수준	순차처리 = 동시처리 (유의차: 없음, 5% 1%)	동시처리 > 습득도 (유의차: 없음, 5% ①%)
	순차처리 > 습득도 (유의차: 없음, 5% ①%)	인지처리 > 습득도 (유의차: 없음, 5% ①%)

보기

ㄱ. 인지처리과정척도 [마법의 창] 검사와 [수회생] 검사에서의 수행능력은 동일한 수준이다.

ㄴ. 습득도척도 [인물과 장소] 검사결과의 표준점수 85점이 진점수가 될 확률은 95%이다.

ㄷ. 습득도척도 [산수] 검사에서의 수행능력은 규준집단의 평균 수준에 못 미친다.

ㄹ. 검사한 결과, 습득한 지식과 기술에 비해 정보처리 및 문제 해결 능력이 더 우수함을 알 수 있다.

ㅁ. 검사한 결과, 정보를 동시에 처리하는 능력이 순차적으로 처리하는 능력보다 더 우수함을 알 수 있다.

① ㄱ, ㄴ
② ㄱ, ㅁ
③ ㄴ, ㄷ
④ ㄷ, ㄹ
⑤ ㄹ, ㅁ

33

정답 및 예시답안

②

알찬 지문풀이

- ① ➡ 검사 결과로 동작성IQ, 언어성IQ, 전체 검사IQ 제공
- ③ ➡ 검사 결과로 규준점수(학년/연령)와 백분위점수 제공
- ④ ➡ 정신지체의 진단평가 영역이 아님
- ⑤ ➡ 오세레츠키 검사는 정신연령이 아니라 운동연령을 알 수 있는 검사도구

관련이론

✦ **지적장애 진단평가 영역(장애인 등에 대한 특수교육법)**
1) 지능검사
2) 사회성숙도 검사
3) 적응행동 검사
4) 기초학습 검사
5) 운동능력검사

핵심테마 체크 ✔

- 장애인 등에 대한 특수교육법_장애영역별 진단평가 영역
- 검사도구별 검사 목적 및 검사 결과

MY MEMO

34

정답 및 예시답안

①

문제 속 자료분석
- (나) 읽기, 쓰기, 수학으로 구성된다.
- (라) 지적장애 진단평가 영역이 아니다.

고득점 답안 비법 ☆ 영역별 검사도구는 각 검사의 검사 목적, 검사 구성, 검사 결과를 중심으로 간략히 요약하여 암기할 것

핵심테마 체크 ✔

- 장애인 등에 대한 특수교육법_장애영역별 진단평가 영역
- 검사도구별 검사 목적 및 검사 결과

MY MEMO

33

정신지체로 의심되는 학생을 특수교육대상자로 선정할 것인지의 여부를 결정하기 위하여 특수교육지원센터에서는 진단·평가를 실시하려고 한다. 「장애인 등에 대한 특수교육법(시행규칙 포함)」에 제시된 선별검사 및 진단·평가 영역과, 각 영역에 적절한 검사 도구 및 검사 내용이 바르게 짝지어진 것은?

	선별 검사 및 진단·평가 영역	검사 도구	검사 내용
①	지능검사	한국 웩슬러 아동지능검사 (K-WISC-III)	언어성 검사와 동작성 검사로 구성되어 있으며, 결과는 지수점수와 백분위점수로 제시된다.
②	적응행동 검사	KISE 적응행동검사 (KISE-SAB)	개념적 적응행동, 사회적 적응행동, 실제적 적응행동 검사로 구성되어 있으며, 결과는 지수점수로 제시된다.
③	기초학습 검사	기초학습 기능검사	정보처리기능, 언어기능, 수기능을 측정하도록 구성되어 있으며, 결과는 연령점수와 T점수로 제시된다.
④	행동발달 검사	아동·청소년 행동평가척도 (K-CBCL)	사회능력척도와 문제행동증후군척도로 구성되어 있으며, 결과는 백분위점수와 T점수로 제시된다.
⑤	운동능력 검사	오세르츠키 운동능력검사	소근육 운동기술과 대근육 운동기술을 측정하도록 구성되어 있으며, 결과는 운동연령과 정신연령으로 제시된다.

34

A는 만 13세의 중학교 1학년 학생으로 정신지체가 의심된다. (가)~(라) 중 「장애인 등에 대한 특수교육법」의 특수교육대상자 선별검사 및 진단·평가 영역에 근거하여 A에게 실시할 수 있는 적절한 검사도구명과 해당 특성이 바르게 제시된 것만을 있는 대로 고른 것은? [2.5점]

	검사도구	검사도구의 특성
(가)	한국웩슬러 지능검사 (K-WISC-IV)	• 언어이해지표, 지각추론지표, 작업기억지표, 처리속도지표로 구성된다. • 영역별 합산 점수와 전체적인 인지 능력을 나타내는 IQ를 알 수 있다.
(나)	국립특수교육원 기초학력검사 (KISE-BAAT)	• 읽기, 수, 정보처리 영역으로 구성된다. • 하위검사별 백분위점수, 학력지수, 학년규준점수를 알 수 있다.
(다)	국립특수교육원 적응행동검사 (KISE-SAB)	• 개념적 기술, 사회적 기술, 실제적 기술로 구성된다. • 하위검사별 적응행동지수와 전체 적응행동지수를 알 수 있다.
(라)	한국판 시지각발달검사 (K-DTVP-2)	• 일반시지각, 운동-감소시지각, 시각-속도통합으로 구성된다. • 하위검사별 연령지수, 백분위점수를 알 수 있다.

① (가), (다)　　　　　② (나), (라)
③ (다), (라)　　　　　④ (가), (나), (다)
⑤ (가), (나), (라)

핵심테마 체크 ✔

• 검사도구_웩슬러 지능검사
• 검사도구_기초학력검사

MY MEMO

35

정답 및 예시답안

○ ㉠은 학력지수이다.
○ ㉡은 시공간이고, ㉢은 사전지식이나 문화적 기대, 결정 지능으로는 풀 수 없는 새로운 문제를 해결하는 지적 능력을 측정하고자 하는 지표/추론하기와 추상적인 문제를 해결하는 지적 능력을 측정하고자 하는 지표이다.
○ ㉣은 무게비교이다.

관련이론

✦ **기초학력검사(KISE-BAAT)**

목적 및 대상	• KISE-BAAT는 읽기, 쓰기, 수학의 세 영역에서의 학생의 기초학력을 측정하기 위한 검사로 만 5세부터 14세까지의 학생을 대상으로 한다.
실시 방법 및 채점	• KISE-BAAT는 한 번의 회기(session) 내에 검사 전체를 시행해야 한다. 1개의 소검사를 시행하는 데 60~90분이 소요되며 검사 순서는 구성영역 순으로 실시한다. 단, 순서대로 실시하는 것이 어려울 경우 검사의 순서를 바꿔 실시할 수 있으나 피검사자의 부적절한 동기나 피로의 누적 등으로 인해 한 번의 회기 내에 검사 전체를 시행하기 어려운 경우에는 평가 영역별로 검사를 분리해서 시행해도 된다. 그렇지만 첫 번째 검사와 두 번째 검사의 간격이 일주일 이상이어서는 안 된다. • 5~6세의 어린 학생과 특수학생의 경우에는 언제나 모든 검사 영역에서 1번 문항부터 실시하며 4학년 이상의 학생은 KISE-BAAT(읽기)와 KISE-BAAT(쓰기)에서 선수기능검사는 생략한다(시작문항 이전에 위치한 선수기능검사의 원점수는 합산에 포함). • KISE-BAAT는 연속해서 한 검사 영역에서 5문항에 대해 정답을 제시하지 못하면 해당 검사 영역을 중단하고 다음 검사 영역을 실시한다.
결과 및 해석	• KISE-BAAT는 소검사별로 백분위점수, 학력지수(평균 100, 표준편차 15일 표준점수), 학년 수준을 제공한다. 학년에 상관없이 환산점수의 합에 해당되는 학력지수가 분류, 제공된다. • BAAT의 검사 결과로 학습장애를 진단할 때에는 학력지수나 학년규준점수 둘 중에서 어느 한 점수가 −2 표준편차 이하이거나 2년 이상 지체된 것으로 나타났을 때 학습장애로 진단한다.

✦ **한국 웩슬러 아동지능검사 5판(K-WPPSI-Ⅴ)**

구성체계	• K-WISC-Ⅴ는 5개 기본지표(언어이해, 시공간, 유동추론, 작업기억, 처리속도)와 5개 추가지표(양적추론, 청각작업기억, 비언어, 일반능력, 인지효율)로 구성되어 있다. • 전체 IQ를 측정하기 위해서는 전체척도에서 7개 소검사를 실시한다. • K-WISC-Ⅴ는 총 16개의 소검사로 구성되어 있다. • K-WISC-Ⅳ와 동일한 13개 소검사(토막짜기, 공통성, 행렬추리, 숫자, 기호쓰기, 어휘, 동형찾기, 상식, 공통그림찾기, 순차연결, 선택, 이해, 산수)에 유동적 추론을 강화시켜 새로운 3개의 소검사(무게비교, 퍼즐, 그림기억)가 추가되었다. • 16개 소검사는 기본 소검사 10개와 추가 소검사 6개의 두 가지 범주로 나뉜다. • **K-WISC-Ⅴ는 K-WISC-Ⅳ와 비교해 보았을 때**, 첫째, 전반적인 지적 능력의 구조가 변화하였다. 이와 관련하여, 전체 IQ를 구성하는 소검사가 7개로 수정되면서 전체 IQ를 산출하는 데 소요 시간이 단축되었다. 대신 유동적 추론의 측정을 강화하는 새로운 3개의 소검사(무게비교, 퍼즐, 그림기억)가 추가되었다. 둘째, 구조적으로 변화한 전체 IQ와 5가지 기본지표점수(언어이해, 시공간, 유동추론, 작업기억, 처리속도)와 5가지 추가지표점수(양적추론, 청각작업기억, 비언어, 일반능력, 인지효율)를 제공한다. 셋째, 인지능력에서 좀 더 독립적인 영역에 대한 아동의 수행을 나타내줄 수 있는 지표점수(㉲ 시공간지표, 유동추론지표)와 처리점수(㉳ 토막짜기 소검사의 부분처리점수)를 추가적으로 제공한다. 마지막으로 K-WISC-Ⅳ에서 13개의 소검사(토막짜기, 공통성, 행렬추리, 숫자, 기호쓰기, 어휘, 동형찾기, 상식, 공통그림찾기, 순차연결, 선택, 이해, 산수)가 유지되었지만 소검사의 실시 및 채점 절차가 수정되었다.
결과 및 해석	• 검사 결과는 16개 소검사별 원점수, 환산점수, 백분위, 추정 연령 등이 제시된다. • 또한 전체 IQ 및 5개 기본지표(언어이해, 시공간, 유동추론, 작업기억, 처리속도)에 대한 환산점수 합, 지표점수, 백분위, 백분위에 따른 진단 분류(수준) 등이 제시된다. • 소검사별 환산점수는 평균이 10이고 표준편차가 3인 표준점수이며, 전체 IQ 및 10개 지표에 대한 합산점수는 평균이 100이고 표준편차가 15인 표준점수이다.

35

다음은 특수교육대상 학생 진단을 위해 두 교사가 나눈 대화의 일부이다. 〈작성 방법〉에 따라 서술하시오. [4점]

교사 A : 학습장애 학생 진단을 위해서 학업 성취 수준과 지능에 대한 정보를 확인할 필요가 있습니다.

교사 B : 학업 성취 수준을 파악하기 위해서 주로 국립특수 교육원의 기초학력검사(KISE-BATT)나 기초학습능력검사(NISE-B·ACT)를 사용하고 있습니다. 두 검사는 어떠한 특성이 있나요?

교사 A : 두 검사 모두 규준참조검사로 구성되어 있으며, 영역별 백분위 점수, (㉠), 학년 규준을 제공합니다. 특히 학업의 수행이나 발달 정도를 나타내는 (㉠)에 대한 진단적 분류를 제공하고 있어 검사 결과를 해석하는 데 도움을 줍니다.

…(중략)…

교사 B : 지적 능력을 측정하는 검사도구로 최근 개정된 한국웩슬러지능검사 5판(K-WISC-V)을 사용하려고 합니다. 기존의 한국웩슬러지능검사 4판 (K-WISC-IV)과는 어떤 차이가 있나요?

교사 A : K-WISC-V는 전체척도, 기본지표척도, 추가지표척도로 구성되어 있습니다. 특히 K-WISC-IV의 지각추론 지표가 (㉡)지표와 ㉢ <u>유동추론지표</u>로 나뉘어져 K-WISC-V의 기본지표척도를 구성하고 있습니다. K-WISC-V에 새롭게 추가된 소검사는 (㉣), 퍼즐, 그림기억 3가지가 있습니다.

…(하략)…

┌ 작성방법 ┐
- 괄호 안의 ㉠에 공통으로 해당하는 용어를 쓸 것
- 괄호 안의 ㉡에 해당하는 명칭을 쓰고, 밑줄 친 ㉢이 측정하고자 하는 지적 능력의 내용을 서술할 것
- 괄호 안의 ㉣에 해당하는 소검사의 명칭을 쓸 것

脈 테마별 기출분포도

테마			연도별 기출분포	셀프체크
행동의 정의와 목표	행동의 차원 및 조작적 정의		⑱유 ㉑유 ㉒중 ㉓유	☐☐☐☐☐
	행동목표의 구성요소		⑬유 ⑬초 ⑮초 ㉔중	☐☐☐☐☐
	문제행동의 우선순위 선정기준		⑭유 ⑮유 ㉒중	☐☐☐☐☐
직접 관찰과 측정	행동의 측정단위와 자료요약방법		⑬유 ⑬초	☐☐☐☐☐
	직접관찰방법	서술기록	⑫유 ⑰유 ⑳유 ㉒초 ㉔유	☐☐☐☐☐
		결과물중심기록	⑰초	☐☐☐☐☐
		사건기록	⑨유 ⑨초 ⑱중 ⑬유 ⑬초 ❸중 ⑮초 ⑮중 ⑲유 ⑲중 ⑳유 ⑳중 ㉑유 ㉑중 ㉒중 ㉔유 ㉔중	☐☐☐☐☐
		간격기록	⑪중 ⑫유 ⑮중 ⑱유 ⑲초 ㉓중	☐☐☐☐☐
	행동관찰의 측정의 일치도 (신뢰도)		⑫유 ⑱유 ㉑중 ㉓중	☐☐☐☐☐
그래프와 시각적 분석	시각적 분석 요인 및 분석방법		⑨초 ⑪중 ⑯초 ⑲중	☐☐☐☐☐
개별대상 연구	ABAB설계		⑫중 ❸중 ⑰초 ㉑중 ㉒중 ㉓유	☐☐☐☐☐
	중다기초선설계		⑨중 ⑩유 ⑫중 ⑮중 ⑳중 ㉑초 ㉒유 ㉔초	☐☐☐☐☐
	기준변경설계		⑩중 ⑮유 ⑰중 ⑱초 ㉒중	☐☐☐☐☐
	교대중재설계		⑩중 ⑪유 ⑯중 ⑰초	☐☐☐☐☐
	복수중재설계		⑫중 ⑭중	☐☐☐☐☐
긍정적 행동 지원	정의, 개념 및 주요요소		⑩중 ⑫유 ⑬중 ⑰유 ⑲유 ㉔초	☐☐☐☐☐
	PBS의 5단계		⑩유 ⑫중	☐☐☐☐☐
	기능진단_ABC분석 및 방법, _문제행동의 기능		⑨유 ❸유 ⑩중 ⑪중 ⑫유 ⑬유 ⑮초 ⑯유 ⑯초 ⑰초 ⑰유 ⑱중 ⑲유 ⑲초 ⑳초 ㉑유 ㉒초 ㉓유 ㉔초	☐☐☐☐☐
	가설 수립		⑭유 ⑲초 ㉓유	☐☐☐☐☐
	중재_선행/대체/후속 중심		⑨유 ⑫유 ⑭유 ⑮유 ⑮초 ⑰유 ⑲유 ⑲중 ⑳초 ㉒초 ㉒중 ㉓유	☐☐☐☐☐
	SW-PBS		⑬초 ⑬중 ⑭중 ⑯초 ⑰초 ⑲초 ⑳유	☐☐☐☐☐
행동의 예방 및 선행요인 조절	기대행동지도(규칙)		⑫중	☐☐☐☐☐
	비수반적 강화		⑨중 ⑫중 ⑳초 ㉑유 ㉑중	☐☐☐☐☐
	고확률 요구연속		⑫유 ⑳중	☐☐☐☐☐
	기능적 의사소통 훈련		⑬유	☐☐☐☐☐
바람직한 행동의 증가	강화 및 강화계획, 강화제		⑪유 ⑪초 ⑫중 ⑬중 ⑭초 ⑳유 ⑳초 ⑳중 ㉒유 ㉓유 ㉓중 ㉔유	☐☐☐☐☐
	토큰제도		⑩유 ⑪중 ⑯중 ㉒유 ㉓유	☐☐☐☐☐
	행동계약		⑪중 ⑬초 ⑳중 ㉑유 ㉓초	☐☐☐☐☐
	집단강화		⑪유 ⑱초 ⑳유 ㉒유 ㉒중	☐☐☐☐☐
새로운 행동의 습득	변별훈련		㉑중	☐☐☐☐☐
	촉구와 용암		⑨유 ⑨초 ⑨중 ⑩초 ⑩중 ⑪초 ⑫중 ⑭유 ⑮초 ⑮중 ⑯초 ⑰초 ⑰중 ⑱유 ⑲유 ⑲초 ⑲중 ⑳유 ㉑유 ㉑초 ㉒유 ㉒초 ㉒중 ㉓유 ㉓초 ㉔유	☐☐☐☐☐
	행동연쇄		⑩초 ⑪중 ⑫유 ⑫초 ⑫중 ⑬유 ⑮유 ⑱초 ⑱중 ⑲유 ⑳유 ⑳중 ㉑중 ㉒유 ㉒중 ㉔초	☐☐☐☐☐
	행동형성		⑪중 ⑮중 ⑳중 ㉓유	☐☐☐☐☐
	과제분석 기타_모방하기 등		⑫유 ⑫초 ⑫중 ❸중	☐☐☐☐☐
바람직하지 않은 행동의 감소	차별강화		⑪유 ⑫중 ❸중 ⑮초 ⑰초 ⑱유 ⑳유 ㉑중 ㉓중	☐☐☐☐☐
	소거		⑩유 ⑪초 ⑬유 ⑰유 ㉑유 ㉔초	☐☐☐☐☐
	부적벌		⑩유 ⑪초 ⑭유 ⑯중 ㉑유	☐☐☐☐☐
	정적벌		⑩유 ⑪중 ⑭유	☐☐☐☐☐
일반화와 유지	자극/반응 일반화		⑨초 ⑯초 ⑬중 ⑱중 ⑳유 ㉒초 ㉔유	☐☐☐☐☐
	일반화 유지를 위한 전략		⑪유 ⑬중 ❸중 ⑰초 ⑱중 ㉔유 ㉔중	☐☐☐☐☐
인지적 행동수정	자기관리		⑨초 ⑪유 ⑫유 ⑫초 ⑯중 ⑲유 ⑲중 ㉑유 ㉒유	☐☐☐☐☐